「家」を読む

米村千代
Chiyo Yonemura

弘文堂

「家」を読む　◎目次◎

一章　「家」へのまなざし　7

「家」理解の分断
家族制度批判の対象としての「家」
家社会論
伝統家族としての「家」
「家」の両義性
「家」の変化と多様性
いくつかの現代的課題に向けて

二章　「家」と血縁　21

血縁を再考する
精神としての「家」

生活集団としての「家」
非親族は「家」の成員か
いろいろな非親族——養子と召使
家族結合の本質を問う——喜多野精一の家と家族
血縁を超える「家」——継承と連帯

三章　大きな「家」と小さな「家」——「家」は大家族か　61

二つの「家」
「家」と世帯
ミニマムな「家」——直系制家族と「家」
拡大する「家」——大家族か同族か
様々な「家」の位相
「家」の重層性

四章　家と村【補論】　97

イエとムラ
村落類型
同族と親族——イエとムラを繋ぐ関係性
オヤコ関係（儀礼的親子関係、擬制的親子関係、親方子方関係）

五章　「家」の宗教性　113

宗教的存在としての「家」
「家」と先祖祭祀
誰が先祖か
系譜意識の二重性
移動と変容——ご先祖様になる
家族国家主義と先祖祭祀
イデオロギー的先祖の解釈
先祖祭祀の現在

六章　イデオロギーとしての「家」　165
生ける規範と国家規範
家族の民主化と「家」――家族制度批判
封建遺制としての「家」――「家」研究の沈黙・忘却
「家」と近代家族
七章　まなざしの先へ　203
一面的理解の見直し
「家」の超越的性格
「家」の求心性と遠心性
社会へ
参考文献……214
あとがき……218

◆一章◆

「家」へのまなざし

「家」理解の分断

大学で、「家」をテーマに卒業論文を書こうとする学生たちが、直面する難題がある。彼女ら／彼らが「家」を選ぶ動機は、自身が「家」に対して抱いてきた葛藤を社会学的に論じたいということにある。その問題意識を、ゼミのなかで、他の学生たち、特に「家」についてのリアリティを持たない学生たちと共有することが簡単ではないのである。例えば、家や土地を守らなければならないという発言に対して、一方の学生たちは「土地」といっても庭のことぐらいしか思いつかない。「マンションなので土地はない」と応じる学生もいる。こちら側の学生たちの多くには、親の代からそうした縛りが既にないことが多い。男きょうだいのいない女子学生が、自分が結婚したら名字がなくなることを気にかけるくらいである。祖父母世代も健在であるので、墓の問題もまだ顕れていない。「家」の問題に触れる機会がほとんど皆無なのである。

他方の学生たちにとっては、土地は単なる土地ではなく、地元の田畑の風景自体が一つの意味世界である。畑をみれば誰の畑かわかるし、家々の門構えや屋号[1]が社会関係そのものなのである。彼らは、「家」が在るというリアリティを持っている。あるいはリアリティを持っている人と接する機会がある。

しかし、リアリティがあれば「家」について語ることが容易であるかというとそうでもない。「家」に関する先行研究はいくつでも紹介できるが、どうもそれらと学生たちの問題意識が簡単には重ならない。

「家」を研究している人間として、学生間の理解のギャップが埋まらないこと、先行研究と学生たちの問題関心の橋渡しができないことは、もどかしいことである。そして、これは昔の学生たちの話ではなく、今の時点のことである。「家」に関する現代のリアリティと、存在する膨大なテクストは、接点を持っているはずである。しかし、その繋がりは見えにくく、分断されている。

実は、「家」とは遠い現実を生きている学生たちも、少し話を続けていると、いつも梨を送ってくれる親戚がいるけれど、そういえばあの梨山を誰が継ぐのだろう、とか、祖父母に養子にならないかと言われた友だちがいるとか、実家の墓を移した話などがぽつぽつ出て来る。少しずつ「家」とかかわる事象がまわりにあったことに気づくこともある。「家」にかかわる事象は現在でも消え去ってはいない。ある人には遠いところにあり、ある人には切実な問題として、社会に混在しているのである。

「家」理解に関するギャップは、若い世代の間にだけあるのではなく、世代間にも存在する。超高齢社会日本においては、社会、地域、家族のなかで多世代が同時に生きている。「家」の時代を生きてきた世代と、リアリティを持たない世代が共在するのが現在である。

さらに、意識の差異は、地域間にもある。

現代社会において、家族規範や意識にばらつきがあるのは「家」に限ったことではないが、「家」に関していうと、何をもってそれを語るかという枠組みが人々の間で共有されていないことが特徴である。そのことは、「家」がある時期以降から、家族に関する表舞台の語りから消えていったことにも起因している。たとえば、戦後「家」が封建遺制として否定されて、民主化によって乗り越えるべきとされたということは、教科書レベルでは知っていても、自分たちとは遠い時代の話でしかない。「家」からの解放というスローガ

1　屋号とは、広義には、個々の「家」の通称である。明治期以前に名字を持たなかった農民層においては、今日でいう名字として機能していた。商家にとっては「〇〇屋」という商号の意味で用いられた。屋号は、〇〇家という「家」を表す表現でもあり、代々の継承者によって襲名される名前でもあった。たとえば、善兵衛家といったとき、「善兵衛」が屋号で、代々の家長は、家長になった時に〇代善兵衛を襲名する。村落共同体にとっては、それは家屋の場所も含め、本家筋、分家筋などの家筋や格を現すものでもあった。

ンが持っていた意味に共感したり反発したりすることは難しい。抑圧の対象としての「家」に対するリアリティや背景となる知識も得る機会が少なかったからである。

「家」に関する理解がこのように分断されてしまった理由を以下に反省的に再考することで、本章では、現代の視点から「家」を読むことに向けてのベースづくりをしたい。

家族制度批判の対象としての「家」

「家」のリアリティを持つ若い世代がそのことを語りにくい理由は、うまく説明するための言葉、概念が見つからないということだけではない。ある学生は、「家」意識を抱いていることが、コンプレックスだといった。「家」は時代遅れとされ、あまり肯定的に語られないことを肌で感じているからでもある。

「家」を過去（＝戦前）の家族制度であり、乗り越えるべき封建遺制であるとする考えは、「家」を批判的に取り上げる代表的な視点である。戦後すぐの時期に盛んであった家族の民主化の議論のなかで展開された。いわゆる「家族制度批判」（あるいは家制度批判）である。

乗り越えるべき旧制度としての「家」という視座は、四七年民法改正時における家族の民主化の議論のみならず、家族社会学においても長く共有されてきた。この文脈における「家」は封建遺制、前近代性、抑圧性とともに語られ、「家」からの解放が家族の民主化、近代化のキーワードとなった。「家」に向けられる戦後日本社会のまなざしは、このように近代化、民主化を阻むものとして否定的なものが主であった。

戦前と戦後を断絶した別の時代として捉え、戦前の家族制度として「家」は位置づけられた。位置づけられたというより代名詞そのものとして概念化されたといってもよい。ここで主に念頭におかれていたのは法制度である。明治民法と四七年改正民法との対比において、戦前家族制度の問題が問われたのである。例えば明治民法は長男優先で定められており、女性は法的に「無能力」であるとされていた。

これらを批判し乗り越えようとした意味は、もちろん大きい。明治民法における戸主権や家督相続は、今日のジェンダー規範に照らして受け入れられるものではない。問いたいのは、そのことの是非ではなく、法制度のみに代表させて戦前戦後の家族の問題を語ってしまうことである。

戦前の「家」は実はよいものだった、などと主張したいのではない。社会に視点をおいて「家」の問題を捉えたいということである。これが「家」を読む作業の根底にある問題意識である。家族史研究、近代家族論や歴史社会学によって、戦前戦後を連続するものとして捉え直す見方がある程度共有されるようにはなったが、それでも、「家」を簡単に説明しようとする時には、戦前の家族制度として位置づけることは、依然として根強い。もちろん、連続するものとして捉えればよいという話でもない。

家社会論

対照的に、「家」の連続性や組織原理を日本の文化として評価する見方がある。戦間期から戦後にかけては日本主義、復古主義として民主化、近代化の対抗言説であり、戦後でいうと、八〇年代のイエ社会論がそれにあたる。この見方は、日本的経営として論じられることもあった。「家」の文化としての連続性が強調されるとともに、その特色を肯定的に捉える。この視点にもいくつかの潮流があるので簡単に一括りにすべきではないが、一方では日本の経済的成功に対する自負の表出ととることもできよう。しかし、反面、社会変化に直面した危機言説ともとれる。長期的な連続性、不変性を強調する立場にも、現代の家問題に対する答えは見つけにくい。「家」を所与のものとして肯定してしまうと、変容や差異をどのように語るのかという問題が残されてしまうからである。

「家」の研究は、乗り越えるべき対象として捉えるか、あるいは文化としての連続性を強調するいずれかの立場からなされるという強い磁場が長く存在し、どちらかの立場に回収されて解釈されがちであった。家族論においては、そして、都市家族への問題関心の移行にともなって、「家」研究は表舞台から消えていったのである。

伝統家族としての「家」

「伝統家族」として「家」を捉える場合にも、先に紹介した戦前戦後の対比は共通して存在する。「家」を家族の歴史的一形態として、「伝統家族」として捉え、そこからの変化の先に核家族を位置づける立場は、先の戦後家族の視点と重なる。他方で、「家」を守るべき伝統としてみる立場は、家社会論の立場に近い。「伝統」を肯定するためであれ、否定するためであれ、おのおのの立場によって「家」は読まれ、構築される。

「家」を伝統家族とする立場とは対照的に、「家」を近代の発明、「近代家族」とする立場がある。戦前戦後を分断せず、明治期以降の連続性の上に位置づける点は対照的ではあるが、近世と近代の間に太い線を引くという意味では、時点の違いこそあれ再考が必要であろう。

このように、否定／肯定や断絶／連続などの二項図式で「家」は回収されて読まれた。「家」を読むことにおいて、立場性がまず問われたのである。

「家」の両義性

何事においても、まずは、わかりやすい図式にはめ込むことが理解しやすい。しかし、単純な二項図式では、現代の「家」に関する現象は説明しきれない。現代の「家」にかかわる問題は、単に過去の遺物として論破すればなくなる問題でもなく、それが日本の家族であると主張することで解消するわけでもない。現在においてもなお、葛藤を抱えつつも「家」を否定できない人々の意識を説明することはできない。

現代において「家」とは何かという問いに答えるためには、「家」に対して人々が抱くこの両義性を十分に意識しつつ、現在の視点から読み直すことが求められる。そのために、「家」を固定的なものとしてではなく、社会や個人意識との間で緊張や葛藤を孕みうる存在として読み直していく。この作業は、「家」とは何かという問いにストレートに答えるというより、かなり回り道をすることになる。「家」とは何か、についてのわかりやすい答えは、ここまで紹介してきた先行研究にある通りである。そしてこの答えでは、現在「家」について悩みや葛藤を抱える人に対する説明には不十分であるし、現代社会における「家」の解明、という学術的な問いに対しても十分に答えることはできない。

「家」の変化と多様性

「家」を一時代に固有の制度慣行ではなく、変容過程において捉えるべきであるという問題関心はすでに七〇年代から存在した。ただ、当時は「家」から「脱却」した現代家族研究が主流であったため、「家」は過去のテーマであり、その変動論が積極的に取り上げられてきた訳ではなかった。「家」から家族へ、制度から友愛へという変化の先の家族を捉えることが当時の関心の中心であった。

しかし、「家」の先行研究を読み返して見ると、「家」を静態的に捉えたと見られる研究にも、社会変化のなかでの「家」という問題意識が必ず内包されている。むしろ背景には、農村社会の変化、人の移動のなかでの「家」の変容という現実がある。決していたずらに連続性、不変性を強調していた訳ではない。「家」の衰頽を憂う感情を同じ温度で共有することは難しいが、では、彼らが何に憂いていたのか、そのことを確かめることは、現代の問題に対する示唆を持っているのではないか。

変化と同様に指摘しておきたいのが、「家」の多様性、バリエーションである。近代社会において法制度が規定する家族は、誰にとっても同一であるべきであるというのが法の理念である。「家」の現実には、しかし地域差があった。近世社会においては身分による差異もあった。これらの差異は、明治期以降にも存在し続けた。そして人々にとって思念される「家」も決して一様ではなかった。

「家」の多様性、階層的、地域的差異と、近代以降の国家法が示そうとした統一的な規範は、随所で齟齬を来すことになった。戦前期の「家」は、戦前の法制度に代表されて語られがちであったが、家族法が当時の家族の現実をそのまま表していたわけではない。

家族国家主義と「家」の問題も、「家」を問う上では見過ごすことのできないテーマである。社会から「家」を問うという立場としては、両者をひとまずは概念上独立のものとして立ててから、その関連を問うことになるだろう。

いくつかの現代的課題に向けて

「家」を読む作業は、現代社会の問題を解き明かすには遠回りに見えるかもしれない。先祖の墓や自分自身の墓の問題、姓の継承というテーマは、しかし、「家」の問題と直結している。特に、少子高齢化社会にあっては、これまで「家」からは周辺化されてきた女性がこうした問題に直面するという現象も生じている。こうした問題には、墓や姓が歴史のなかで人びとにどのような意味を持っていたかという視点からアプローチしていくことになる。

「家」は、広く言えば、人々の共同性に関わる意識や規範の体系である。単に同時代を生きる人々だけをつなぐ、横断的な体系ではなく、超世代的な共同性、同一性に関わる規範体系でもある。つまり、ある時点を同時に生きている人々の連帯にかかわる規範であると同時に、超世代的な継承意識にもかかわる。

人々にとっての「家」は、自分の生活だけでなく、生死を超えた超世代的な同一性や帰属意識をもたらす。ただ、それは安寧、安心と同時に拘束力を持つ。そして、その連帯や継承は、成員を同じように対等につなぐのではなく、中心と周辺に序列化する。

「家」が内包していたことは、社会変化とともに変容し、その意義は減少し、いくつかのものは他の関係へと放出された。その変化は一斉におこるものではない、その様相も地域や世代によって異なっている。「家」を読むことは、その様相を捉えることである。

◆二章◆

「家」と血縁

血縁を再考する

「家」を血族や血統と重ねてイメージする人も、現代には少なくないだろう。現代社会で血縁が重視されるのは、「家」制度が原因だといわれることもある。戦前の家族制度は血縁関係を中心に編成されたので、この考えは必ずしも間違ってはいないし、親族結合を中心に「家」を考える研究もある。

しかし、日本の「家」研究を広く見渡すと、血縁に限定して「家」を捉えるのは、実は少数派である。むしろ近隣諸国と比較して、日本の「家」は、血統の連続よりも「家」の連続を重視することが特徴とされてきた。血がつながっていない養子を迎えて「家」を存続させることが珍しくなかったからである。

「家」の存続を重視することと血統を重視することは重なることもあるが、重ならないこともある。より重要だったのは「家」の存続の方であった。血統の連続より「家」の連続が大事だったのである。

しかしながら、血縁を基礎に考える視点は、戦前、戦後の家族研究において、長く中心にあり、戸田貞三も主著『家族構成』[2]において家族を近親者の感情融合に基づく関係と規定している。戦後になっても、八〇年代頃までは、血縁関係が家族の紐帯の中心におかれてきた。

現代に目を転じてみると、家族の多様性やオルターナティブな関係性へと関心が集まり、血縁関係を所与の前提とする家族モデルは再考を迫られている。生殖補助医療の進展により、様々な親子関係が医学的に可能になり、血縁関係さえもひとくくりにはできなくなってきている。

しかし、「家」や家族とは何かと問えば、現代においても、まずは「血のつながり」と答える人は多いだろう。

血縁や血のつながりで表現される関係は、一見あまりに自明に思えるし、宿命的で絶対的にも見える。が、しかし、立ち止まって考えてみると、「血がつながっている」という表現自体も比喩であり、曖昧さを持っている。血縁を所与として考えるのではなく、社会が血縁というものにどのような意味づけを与えてきたかを見ることが、「家」を読む上でも、そして家族研究にとっても欠かせない作業である。血縁に意味がなかった訳では決してない。時に、血縁関係に特権的な意味づけを与えつつ、他方で、それを超えた結びつき、結合原理が存在した。両者は、時に矛盾して、時に相互に補完し合う形で存在したのである。

学説史に目を向けると、先ほど紹介した戸田が、まずは、家族を、夫婦、親子関係を中核とする少数の近親者によって可能となる緊密な感情融合に基づく小集団と規定した。日本において、小家族（核家族）を基礎に、「近親者」の感情融合を基礎として家族を捉えた最初の研究である。この考え方は、G・P・マードックがその主著『社会構造』[3]において展開した核家族普遍説と近い考え方である（ただし、時期としては戸田が先である）。核家族普遍説とは、いかなる社会の家族も夫婦と未婚の子からなる家族的核を持つとする考え方である。近親者の感情融合に基づく集団という家族の定義は、後述する喜多野清一にも継承された。家族社会学もしばらくはこの視点を継承していくことになった。

血縁や感情融合を軸に家族を普遍的に定義しようとする試みは、しかし、その後、多くの批判を受けることになる。他の社会理論と同様に、普遍性や一般性を問うことに変わって、個人の主観や認識から家族を概念化することへと視線は移行し、本質を求めるという

2　戸田貞三（一八八七－一九五五）著『家族構成』（初版は弘文堂一九三七）。理論編と分析編からなり、第一回国勢調査（一九二〇年実施）の分析をもとに、理論と実証研究双方から、小家族論を展開した。
3　G・P・マードック（一八九七－一九八五）『社会構造』（新泉社一九七八）。原著は、*Social Structure*. Free Press.1949

問題意識は批判されるか、もしくは研究の主たる潮流からは大きく後退した。社会を生きる人々にとって、血縁意識は依然根強いが、家族研究においては、血縁を超えた広がりを、もう一度捉え直そうとする傾向が強くなっている。

戸田以降の小家族論は家族の学説史上の重要なテーマではあるが、ここでは「家」を読むという趣旨にそって、『家族構成』をきっかけに展開された有賀喜多野論争[4]を中心に「家」を読み解いていきたい。有賀喜左衛門と喜多野清一の間で交わされた論争は、戸田貞三の『家族構成』に、有賀が批判を加えたことから始まる。戸田の家族論の解釈をめぐって始まったこの論争は、しかし日本の家と家族をめぐる議論へと展開し、その後も多くの論者を巻き込んで発展していった。

交わされた重要な論点の一つが、血はつながっていないが、日常的に生活や労働を共にしていた人々、養子や奉公人の存在である。養子や奉公人のなかにも、跡取りになることが予定されている人、後に財産を分与されて分家独立することが予定されている人から年限を限った労働力としての雇用人など様々な人が含まれ得た。

こうした血縁関係にない人々（非親族）が、単に生活の場にいたかどうかではなく、どのような原理、観念で、「家」に内包されてきたかが議論となった。論争という形で違いが強調されがちであるが、具体的な生活の場に非親族が多く存在したという点において、二人の見解には共通点もある。

しかし、「家」と血縁関係、親族関係は現実に重なることも多いので、「家」は血縁集団と考えられがちである。繰り返しになるが、「家」に関する議論からは、血縁を超える社会関係として「家」が考えられており、その上で、血縁の意味が問われていたのである。血縁や血筋は「家」、特に農民の「家」にとって絶対的なものではなかった。彼らにとっては生活共同体、労働組織としての「家」が続いていくことが、生きていく上で必至であったから、子どもがいなければ養子を迎えることも珍しくなかったし、村のなかでいったん途絶えた「家」を血のつながりのない人が再興することもあった。それでも、「家」は続いていると思念することができた。この意味において、「家」は自然的、生物的観念ではなく、社会的観念である。このことを、まずは、押さえておきたい。

4　有賀喜左衛門と喜多野清一の間で繰り広げられた論争。一九三七年刊行の戸田貞三の『家族構成』を有賀が批判したことがきっかけである。有賀の戸田批判の論文、「家族と家」（三田哲学会『哲学』第三八集所収。一九六〇）について、喜多野が「日本の家と家族」（『大阪大学文学部紀要』第Ⅸ集所収、一九六五）と題した論文で戸田の家族論を擁護した。両者のその後の反論も含めて、有賀の論文は著作集Ⅸ巻に、喜多野の論文は『家と同族の基礎理論』にそれぞれ収録されている。

商家においても、家業経営の能力に欠けると判断されれば、たとえ長男であっても「家」を継ぐことはできなかった。「家」の継承者として血縁成員を優先する規範はあったものの、最も重要なことは家業の安定的な存続であった。家業の存続が「家」の存続そのものであったからである。

「家」は、したがって、実際に親族によって構成されていることが多かったとしても、血縁集団や血統を結合原理とする集団ではない。加えて、人間関係の集団の実態を表す観念ではなく、世代を超えて存続しているものである（と思念されている）。そしてその永続が希求され、しばしば絶対視されているものであり、個々人から独立して、それ自体一つの団体として観念されるものであった。中野卓は、こうした「家」の性格を「制度体」と表現している（松島・中野一九五八）。このことは、具体的な集団として「家」を捉えるのではなく、「家」に属する人びとによって共有されているある種の団体として「家」を捉えることを意味している。盛山和夫の「理念的実在」という概念も、「家」を捉える位相を考える手がかりになる。（盛山一九九五）。

「家」と血のつながりはどのように議論されていたか、有賀、喜多野、そして鈴木栄太郎の「家」論を手がかりに読み進めてみよう。

精神としての「家」

鈴木栄太郎は、「家」の性質を、以下のように表現している。

家族を集団と認めるなら、即ち家族を現在の個人等の一定の型における結合の関係とみなすなら、一人の家族はない筈である。しかし一つの精神である家としては、一人の家も当然にあり得る。家の精神はある場合には、一人の人によって運載されている事もあり、何人かの人々によって共同に運載されている場合もある。当事者はその精神を体認し実践し、他の人々はそれをしかあるものと承認し、それをいろいろの社会形象の上にも現わしているところに、日本の家族制度の根幹は存すると思う。日本の家は多くの場合、家族をなしてはいる。しかし家族をなす事は家の存続のために不可欠ではない。(鈴木一九四〇→一九六八Ⅰ、一八四頁)

一人の家族は存在しないが、一人の「家」はありうる。この表現は、端的に「家」を言い得ている。「家」は現実の集団がなくとも成り立つのである。一人でも「家」の精神を宿していれば、そして、続いていくことが希求されていれば、そこに「家」は在る。鈴木は、家族と「家」の概念について「家族は集団であるが、家はかならずしも集団たることを要しない、家族は現存する個人等の横の結合であるが、家はむしろ世代間の関係であり、厳密にいえば家は一つの精神である」と両者を区別する（同、一八四頁）。

精神としての「家」は、ではどのように可能になるのだろうか。有賀喜多野論争からは少し脇道にそれることになるが、今少し寄り道をして、鈴木の「精神としての家」を見ておこう。

「家の精神」は、個々人に先だって存在している。個々人は、連綿と連なる「家の精神」の一時点に現れる集団生活の担い手である。鈴木にとっての「精神」とは、人々をひとつの「家」のもとに結びつける統合原理である。「家」は「一個の意志」、「秩序」、「一組の意図」であり、そこでは、「自ずから永い年月において」同一性が保たれている。それは個々人にとっては、「一個の精神的雰囲気」、「生活原理」、「他者の介入を許さない体験共同の世界」であり、「超世代的な家」の「統一的原則」として、実生活を拘束するものである（鈴木一九四四→一九七一、九九頁）。彼らは「制度慣行」によって、「統一的原則」の下にあってそこに連なることが可能になる。

鈴木は、個々人に先んじて存在するものとして「家」を考えている。しかし、「家」が所与の存在であることは、決して血縁のような生物学的要件によるものではない。個々人の生を規定しているのは「制度慣行」という規範的側面である。

「家の精神」は生活の内部に形成されている「制度慣行」において観察される。では、「制度慣行」とは何か。鈴木によると、それは具体的には以下の五点であるという。

一　家長を中心とした家族員等の位置の確立、家長は現存の家族員等にたいして中心的位置を持っているとともに、祖先および子孫にたいして結節的位置を有している

二　家祭を中心とする信仰生活による家族生活の統一

三　孝を中心とした家族道徳の実践組織

四　生活協同体としての機能および組織

五　家の標識

（同、一〇〇頁）

家長を中心とする家族の位座（家族内の配置）と道徳や信仰などの規範的側面、そして具体的な生活組織と「標識」が制度慣行として列挙されている。四だけが具体的な機能や集団についての言及で、残る四つは、いずれも観念、秩序体系にかかわるものである。

ここで五つめにあげられている「標識」とは、姓、屋号、家紋、家屋敷、山林耕地、墓地、株、屋敷神であり、「家生活」の「われら意識」の具体的な基盤になるものである。「われら意識」は現実の生活において共有される意識である。「家の精神」が世代間の縦の関係において共有される意識であるのに対し、「われら意識」は「家の精神」によって支えられているものである。つまり「家の精神」は、現実の生活における集団的機能と同時に家族意識をも支え、規定するものと考えられている。

ここでは鈴木が「家生活」と呼ぶ、日常の集団生活との関連が問題となっている。「われら意識」は、「一つの統制のもとに働き、一つの統制のもとに起居していること」によって、集団生活において共有される意識である。この「われら意識」を支える統一的原則が「家の精神」である。「彼等のみに解放された銭箱、彼等のみに許された食卓」と表現された集団生活において、「家の精神」は伝達される。

鈴木の枠組みでは、「家」の成員は、「家の精神」を共有する者、「封鎖的な体験共同の世界」の中にいる者とされ、生活上一定の機能を担っていても「精神」を共有していなければ家の成員とは見なされない。それは血縁、非血縁を問わない。成員の範囲は、「精神」の共有という意識的側面によって、「一組の価値体系」、「一組の意味の体系」を理解することによって限定されるのである。

「家」は、個々人の「共同の体験の中に生じた個性的な意味の世界の上に構築されているもの」で「彼等のみが知り、感じ行っている意図」であるが、だからといって個々人が自由に「家」を構成しているわけではない。家は「不断の歴史的連続」であるから、「家人」が「新陳代謝」され、意図も少しずつ変化していくとしても、「同一性はけっして失わない」。そこには「家自体の自己発展」が存しているとする（鈴木一九七一、一一三―一一四頁）。

鈴木栄太郎の「精神としての家」は喜多野清一が評したように、「家」の連続性と集団の動的側面とがどのように結びつくのかが、必ずしも明確ではない（喜多野一九七六、一九一頁）。喜多野は、鈴木が一方で家族の現実生活を家族周期論として変動過程、循環過程として捉え、他方で、「家」については本質論を展開していることについて、両者が「具体的にはむしろ結合して家族生活が営まれている事実こそ究明される必要があると思う」

と指摘している。「家」と家族の概念化についての喜多野と鈴木の視点をここにみることができる。

喜多野の批判は的確である。しかしながら、「一人の家もあり得る」という鈴木の意義は、他にどんな難点があったとしても重要であることに変わりない。「家」は人々によって与えられる意味づけとその共有によって存在する。鈴木の図式から考えると、ある「家」の人が標識として、優先的に血縁を意味づけ、そのことを共有するならば、それは血縁にもとづく「家」だと呼ぶことができるだろう。しかし、鈴木は「家」の標識に血縁をおいていない。「一人の家もあり得る」から、集団生活を必ずしも必要としないものの、やはりそれを伝達していく場としての集団生活、労働過程に注目している。

生活集団としての「家」

少し、鈴木栄太郎の「家」に寄り道をした。「家」を観念的、主観的な側面から概念化した鈴木においても、現実の生活の場、労働過程は、その伝達、共有の場として重視されていた。ここで有賀に戻ろう。有賀こそ、生活共同を軸に「家」の議論を展開した人だからである。

人々は何をもって「家」が在ると思念することができるのだろうか。血統や血縁関係が絶対的でないとすると、では、人々はどのようにして「家」に自身を連ねることができるのか。「家」を思念することができる具体的な一つの契機は、生活や経営への参加、共同である。この点を中心に「家」論を展開したのが、有賀である。

ただし、人びとは生活や生業に参加するという点のみをもって「家」の成員となりえたのではない。その永続志向性の中心にあったのは系譜観念である。同じ系譜に属するという観念がそれを可能にしたと考えられている。系譜と生活共同の関連の問い方が、有賀喜多野論争の争点の一つでもあり、両者の「家」理解の鍵となる。

系譜という言葉は、現代では、一般にはなじみの少ない言葉だろう。しかし、系譜という概念は、実は「家」を考える上での一つの中心概念である。系譜観念とは、先祖（始祖）から一本の中心となる超世代的なラインが連続していて、それに直系、傍系の成員が連なっているという意識である。系譜を共有している関係とは、出自が同じであって、わかりやすく言うと、同じ先祖を持っていて、その先祖を共に祀るという関係である。それらの関係が文字として残されているもの、たとえば系図、家系図を、系譜と呼ぶ場合もある。

もちろん、庶民にあっては、始祖が誰であるか等ということは、具体的には不明であることも多いし、三代以上遡れるような「家」はそう多くなかったとされている。それでも始祖が誰であるか、起点を重視することが、日本社会における系譜観念、先祖観念の特徴とされている。

「家」の創設者を先祖と呼んでいたことは柳田國男も指摘している（柳田一九四六→一九九〇）。系譜は、一本のラインで、先祖から自分たちの世代、そして次世代へと存続していくことが期待されてきた。系譜観念は、家系、すなわち血縁の連続性と同じではないかと思うかもしれないが、そうではない。系譜と血縁を、少なくとも概念上は明確に分けて理解しておくことが、「家」研究を理解する上では、まず重要である。たとえば、日本の「家」の場合、夫婦とも養子である場合は、血縁は連続してはいないが、系譜は連続していると考えられている。

「家」の継承者（家長）は必ずしも血縁成員である必要はなかったが、系譜の中心にあって先祖祭祀を主宰し、先祖に連なっていく中心的な存在であった。家長の「家」、すなわち本家を中心に、分家や、奉公人分家や別家（非親族の分家）が、同じ系譜の本末の関係にあることを相互認知しあうことによって成り立つのが同族関係である。

同族という概念も系譜概念と同様、あるいはそれ以上に、今日、多くの人にとってなじみのないものであろう。現在は別の意味に用いられることもあって、「家」を知る上で重要であるにもかかわらず、理解しにくい、ハードルの高い概念ではないだろうか。

たとえば経営学の領域では、同族企業、同族経営は、family business の訳語として用いられる。直訳すれば家族企業であるが、そこに同族の語があてられている。同族支配として、世襲経営や一族・血族による経営の独占といった否定的なニュアンスを持つこともある。いずれにせよ社会学の同族概念とは、一見近いようで、かなり異なっている。

社会学において同族団という名辞を最初に用いたのは喜多野清一で、信州若宮の調査で用いたのが最初であると言われている（喜多野一九七六、二五八頁）。以後、同族概念は、「家と村」の構造や差異を解明する重要概念であった。喜多野に先行して柳田民俗学の分野では、同族、同族の結合、同族団体などの呼び方が用いられていたことを喜多野自身が紹介している。本書でも、系譜と同族について繰り返し論じていくことになる。ここでは、系譜も同族も、血縁集団や親族集団などの生得的な要素によって結合するのではなく、一定の社会的状況のもと、相互認知によって、つまりお互いに認め合うことによって成立するものだということだけを、まずは押さえておきたい。

系譜も同族も、だから、血縁のように生得的な概念ではない。(ただし、血縁性自体、社会制度として考えることも可能である。) 極端にいえば、お互いが認め合えば「家」の成員である、といった操作可能性、可塑性を持っている。この緩さが、「家」の存続を可能にしたのである。逆にいうと、「家」が続いていると思えること、了解できることが、とても重要であったからこそ、その継承ルールには緩みがあったのだともいえる。ルールが厳格だと「家」は途絶えてしまうからである。血縁を絶対視するような「家」はなかなか続かない。この点は、農民のみならず、商人、士族も同じで、継承者がいなければ、農家経営、商家経営は成り立たず、生活や経営は破綻の危機に瀕するし、士族の「家」はお家断絶で取りつぶしになってしまう。

系譜の連続性と、生活における共同/協働が、有賀の「家」を構成する重要な要素であった。「家」が続いていくためにはそれを可能にする現実が必要だった。つまり、家業や家産の維持継承が重要であって、そのために人々は協働する必要があった。「家」によって人々は、生活共同体へと統合され、その統合や連帯によって「家」の超世代的存続が可能となったのである。

系譜意識は、日本の場合、父系、単系を辿る観念である。繰り返しになるが、血縁と重なるように見えるが、同じではない。この点は、日本の「家」を理解する上で、最重要といってもよいポイントである。

ただし、同時に指摘しておきたいことは、父系的系譜意識が人々を統合する中心にあったとしても、長男子家族が跡取りとなって系譜の中心で「家」を継いでいくことが多かったこと、親族、親戚関係や母方との関係は、同様に生活の様々な局面で意味を持っていたことである。親族や親戚という血縁関係が、生活に意味を持たなかったと言っているのではない。血縁関係は、「家」の結合原則ではなかったということが、まずは重要なのである。

「家」の中心に系譜をおく考え方は、多くの社会学的「家」研究に共通している。有賀喜左衛門と喜多野精一の二人は、とかく対照的に捉えられがちであるが、系譜を「家」の中核におく点は、両者に共通する。系譜を共有することは、先に述べたように非親族でも可能であった。そして、こうした非親族は、農家経営と深く関連していた。二人の意見が分かれたのは、非親族をどのように位置付けるかであった。系譜、生活共同のいずれに重点をおいて「家」を概念化するかについて、両者の立場は鋭く対立した。

また、「家」には、経営や生活の共同といった「家」の内的な条件だけでなく、当該社会の社会的承認によって成り立つ、村における社会的単位としての側面もある。この視点については、後章で紹介することにする。

非親族は「家」の成員か

非親族も、系譜を共有し、共同生活に組み込まれて「家」意識を共有することができた。では、有賀、喜多野の間にあった違いは何だったのだろうか。

「家」と血縁の関係を問うためには、「家」における非親族のポジションがどのようなものであったかを見ることが手がかりになる。繰り返しになるが、「家」は、その具体的な生活、労働の場において非親族を含みうるものである。この見解は二人に共通している。

非親族は単に「家」の経営に関わるだけでなく、「家」を継承することも可能であった。なぜなら、日本においては、「家」が存続していくことが最重要であり、成員間で血が繋がっているかどうかは絶対的なことではなかったからである。非親族は、「家」の継承者、継承予定者として迎えられる場合もあれば、労働力確保のために経営に加わる、契約によって雇用されるという場合もあった。

「家」の成員資格として親族であるかどうかは重要ではないということを最も強調した

「家」論を展開したのは有賀喜左衛門である。有賀は、養嗣子として「家」を継いだ場合はもちろん、名子、譜代分家[5]と呼ばれるような非親族も「家」の成員であるとした。これらの人びとは、本家と本家分家関係を取り結び、労働力を本家に提供し、生活の様々な局面で本家の庇護を受ける形で、本家と相互扶助関係にあった。人々を「家」に結びつけたのは、何より生活共同であったと有賀は考えたのである。

有賀の「家」のもう一つのポイントは、メンバーは必ずしも同居世帯に属している必要はないとしたことである。人びとは生活を共同することにより「家」に入る。そして分家して世帯を分ける。世帯を分けて独立した分家と本家の連合体が同族であり、ともに本家の始祖を先祖として祀る。同族祭の存在や本家の始祖を分家が祀ることから、有賀は分家した非親族も同じ「家」の成員とみた。

有賀は「家」を日本の家族と見ている。有賀の枠組では「家」の成員とされる非親族が、戸田貞三の家族理論では、たとえ同居していたとしても家族員からは除かれてしまう。このことを有賀は問題とした。

5　名子、譜代下人とは、本家に対して従属的身分にある農民をいう。譜代分家とは、本家に対して従属的な身分にあった譜代が分家を認められて一家を構えた形態をいう。

では、有賀の非親族の位置づけについて、本人の言葉を引用しながら、もう少し丁寧に見ておこう。有賀は、非親族の岩手県二戸郡荒沢村石神の斉藤家の召使いについて以下のように述べる。

遠縁の人びとでも一定の慣習によって養子ないしは召使[6]として特定の世帯に取り入れられて、世帯主の家族員と一つの家の共同生活を送り、やがてそのカマドとして彼らの家産を分けてもらい本家《オエ》と近隣的な密接な互助関係や庇護をうける間柄になるべき運命におかれていた人びとであったから、このような関係に規定された感情的融合を相当に深く持っていたことは明らかである。彼らは、本家《オエ》の世帯主に対して従者としての低い社会的地位にあったので、この点で近親のカマドより地位はやや低かったというちがいがあったにすぎない。この問題を明らかにするためには、斉藤家の非親族の召使の身分を決めることが先決問題である。（有賀一九六〇→一九七〇、三三三頁）

親族ではない若者が、養子ないしは召使として世帯に組み込まれ、世帯主と共同生活を送る。そして家産を分けてもらい分家し、本家の庇護を受けつつ、互助関係を持つ。近親者の分家より地位がやや低いだけの違いである。これが有賀の位置づけである。戸田貞三は近親者の感情融合を他の関係とは区別したが、有賀は、感情融合は近親者のみにあったのではないとする。

そして、斉藤家の非親族の召使が、世帯主の日常的な家計に含まれているだけでなく、「家の生活的連帯関係」に深く入っていたことに、彼らを「家」の成員とみる理由を求める。非親族の召使の身分について、有賀は次のようであったとする。

彼らがこの家の成員となったことは、彼らの父親が世帯主に託する時に結んだ約束によって決定したのであり、その内容は慣習できまっていた。すなわち世帯主は彼らを一〇歳前後に引きうけて養育し、訓練し、結婚させてやり、その後もこの家に同居させて家の企業に奉仕させ、適当な時期に分家を許し、分家後も従者として一生本家《オオヤ》

6　有賀は、召使という用語を以下のように用いている。召使（奉公人、下男下女）といっても、一般にはいろいろの種類があった。すなわち短い年季のものから、長い年季のもの、また質奉公ないし居消奉公などまであった。ここにいうものは長期の住込みで、分家が予定され、むしろ無年季ともいうべきものであり、江戸時代の表現でいう譜代下人であった。明治期以降まで譜代という言葉は使われた（有賀一九六〇→一九七〇）。なお、質奉公、居消奉公とは、債務履行のために人身を質として質入れし、奉公することである。

に奉仕する関係を持たせるということであった。（同、二三三頁）

斉藤家においては、召使は、本家の「家」を継ぐことはなくとも、本家が引き受けた当初から、やがては分家することが慣習によって予定されていた。そして、分家後も本家との間で相互扶助の関係を維持した。このことをもって有賀は、非親族も、親族の傍系成員と同様「家」の成員であると考えた。非親族と傍系親族との間にあるのは、地位がやや低いという差異であるが、有賀にとってその差異は、程度の差にすぎなかった。

いろいろな非親族——養子と召使

非親族も慣習上「家」の成員であると認められるという有賀の主張においては、では、同じ非親族である、養子と召使の違いはどのように考えられていただろうか。

有賀が戸田の『家族構成』への批判を試みた論文「家族と家」では、主に斉藤家と青森県三戸郡階上村野沢家が登場する。野沢家における養子と召使の違いについて、有賀は、明治民法の嫡系養子と傍系養子の区分によりながら、次のように説明する。

嫡系養子は親族から養取されても非親族から養取されても戸主となることが予定されているため、法律上も慣習上も家族成員として規定された。対して、傍系養子はあととりにすることが目的ではなく、分家させることに目的があり、召使の分家と近似していた。

（明治民法）施行以前の慣習においては、傍系養子と召使とは差異がなく、ともに傍系成員として養取されたのに、西欧法の影響を受けた明治民法においては、家の成員の一部を世帯主の比較的近親であることを基準にして家族（員）と規定したからである。それ故野沢家において外部から養取したもののうちで比較的近親者を法律上の養子として法律上の家族（員）に組入れ、遠い親族者を養子手続きなしに家族（員）外に排除したので、彼らはこの家の傍系成員であったにもかかわらず、戸主の法律上の家族（員）として戸籍には登録されず、召使として扱われることになった。（同、四〇頁、最初のカッコ内のみ引用者注）

一九四〇年の野沢家は、養子、召使を親族から受け入れていた。斉藤家は召使を非親族からうけ入れており、次三男の分家を別家と呼び、召使の分家を名子と呼んで区別した。

また分家の条件が次三男と召使で違った点が野沢家と異なっていた。このような違いはあるが、斎藤家では、次三男も召使も親族、非親族であるかどうかにかかわらず、「家」の傍系成員であるという位置づけになる。

傍系養子を、養子か召使かで区別せず、すべて法律上の養子として手続きした例として、有賀は、青森県三戸郡浅田村扇他の中川原家の例を挙げている。一九五〇年の戸籍上で、カマド（分家）五戸のうち三戸の世帯主は先代家長の弟として入籍され、二戸の世帯主は当代家長の弟として入籍されている。一人を除いて非親族から養取され、次三男の分家も傍系養子の分家もともにカマドと称している。ただ、両者の社会的地位の差異はあり、他の村で後者をケライカマドと呼ぶものと処遇は似ていたという（同、四〇頁）。

有賀は、野沢家や斉藤家、中川原家のような家を取り上げる理由を以下のように説明する。

特殊な家が日本の家族の持つ諸問題をかえって明らかにするといったのは、そういう特殊な条件にある家は日本の家族のある一つの局限を示すことによって、通例の（親族世帯より成る）家においては明らかにならないことがかえって明らかに示されるという特点を持つからである。特殊なものをそのまま一般化しようと主張するのではない。

戸田はこれらを例外として捨て去ったから問題をとらえ得なかったと私は思うのである。（同、四一―四二頁）

有賀が取り上げている家々は、自身が認めるように世帯規模が大きく、平均的、標準的と呼べる規模ではない。有賀の研究以降、大家族像が、東北の「家」のモデルとして流通していったことは否めない。しかしながら、「家」にとっては親族、非親族の間の差異より、嫡系か傍系かの差異の方が大きいという指摘は、「家」とは何かに迫る重要な知見であり、それを経験的に明らかにした意義は大きい。

有賀は嫡系と傍系の性質の違いを次のように述べる。

家における家長（嫡系成員）と傍系成員との身分関係はいかなる性質のものであるか。嫡系成員と傍系成員とは通例は親子とか、兄弟、姉妹の血縁関係ないし近親関係と重なるが、嫡系と傍系とに区別したことは血縁ないし親族の関係とは全然別の性質の社会関係であって、家の系譜を担うものとそうでないものとを区別するところにその根拠があった。いいかえるとこの区別は、血縁・親族関係を基準にするのでなく、家という集団の存続を担う役割の区別を基準にするものであって、嫡系成員はその主役を担い、直接に家の存続に寄与する人びとであり、その中心となる家長は家の企業や消費を管理し、神棚、先祖の祭祀の司祭者であることが、家生活の最高責任者であることを示し、家の存続のために全成員を統制した。傍系成員はやがてこの家から他に出る条件におかれていたばかりでなく、家の企業、消費、祭祀等において、家長の指揮下で与えられた仕事を分担したので、家長の近親であろうと、非親族であろうと、家の内部における役割は重要でないことはなかったが、管理的権限を持たなかったので、彼らの地位は低く、弱い権限しか持ち得なかった。家の内部における役割や地位の軽重は外部からもみとめられた。そして家の外部における彼らの個人個人の社会的地位をきめる重要な根拠にすらなった。

（中略）

このことは嫡系成員と傍系成員とが事実上一種の主従関係にあったことを示すものである。（同、四二―四三頁）

繰り返して確認すると、親族／非親族の区分ではなく、嫡系／傍系という区分が有賀の

「家」にとっては重要で、その関係は一種の主従関係であったとする。これは明治民法上および、戸田が用いている嫡系親（族）、傍系親（族）とも異なる。これらは親族の区分であるからである。

戸田の枠組みでは、歴史的社会的現実である家族が夫婦や親子を含むことは説明できるが、もっと広汎な社会的意味を持つことを説くことはできないというのが有賀の主張である。小家族論は、それぞれの社会の家族が持っている特殊な社会的性格を捨象してしまう。そのことは、有賀にとっては看過できないことであった。

有賀にとって、日本の家族は「家」であり、欧米の family の訳語である家族に回収されて語り切れるものではなかった。核としての小家族の複数の結合として「家」を考えるのでは不十分で、傍系成員と嫡系成員とが主従関係をもっていたこととの関係なくして「家」は成立しなかった。親族か非親族かという区分では、傍系成員のなかに、傍系の親族と、非親族の養子や召使も含まれていたことを説明できない。

このように親族/非親族の区分ではなく、嫡系/傍系の主従関係という社会関係から「家」を解釈して見せたところが、有賀の視点であった。

有賀は、戸田の指摘と同様に家の成員構成は「小さいものの方が極めて多かったと推測」

（同、五四頁）しているから、世帯規模それ自体について戸田と意見の相違はない。有賀にとって重要だったのは、その世帯がおかれている歴史的社会的条件であり、形態としては、単独世帯であるかどうかではない。重要なのは、その背景にある嫡系、傍系の区分やそこに与えられている「家」としての意味づけである。この区分は、奈良時代からすでに見られ、戦前までは大体はこの大筋は続いてきたと有賀は見ている。有賀にとって「家族の具体的な存在は、それぞれの民族や国民の文化と結びついた歴史的社会的存在」であり、家長的家族を直系親（属）と傍系親（属）に分けたことには同意できない。

世帯主（家長）の子供らはあととりとそうでないものに区別された。前者は家長夫婦を含めて、嫡系成員であり後者は傍系成員であった。（中略）

このことは彼らが、家の成員として、近親関係であり、戸田氏の指摘したような緊密な一体的関係に結ばれていたにもかかわらず、それとは別の基準によって定められた関係であった。すなわち家存続のための役割の上で、前者はそれを直接に担当する成員であり、家系をうけつぐのに対し、後者はそうでなかった。だからこれにより、家の成員は二種に区別された。このように区別されたのは、家存続の要求に従うものだった。

これに比べると、ある時期の一つの家の家長夫婦の子供らの兄弟姉妹をすべて家長の直系親と称しても、それは個人的な親族関係を示すだけで、家の性格とは少しも関係はない。（有賀一九六八↓一九七〇、五八頁）

家が永代の存続を志向されたことは、「家をその外部から規制する諸条件（各時代における自然的、政治的、経済的、社会的等の）」によってであって、家族が親族世帯によって構成されていたことから生じたわけではない。企業経営や農業経営において多くの労働力を必要とするという条件が、親族に限らずに人員を取り入れる必要性と結びついていた。血縁的、自然的存在としてではなく、系譜と経営が不可分に結びついた社会的・歴史的存在として「家」を見るのが有賀の「家」論であった。

家族結合の本質を問う——喜多野精一の家と家族

ここまでは、有賀喜左衛門の「家」を、戸田貞三の小家族論批判に照らしながら見てきた。次に、有賀喜多野論争のもう一方の論者である喜多野の「家」を見ていこう。

喜多野は、「家」を「核となる家族の単数または複数を含みながら、家父長制的な家長権の統宰する家権力の下に成立するところの歴史的社会的制度」と規定する。そして家と家族を「現実にはこの両者の分ち難い結合を認めつつ理論的には別個に概念しておく」とする。この定義だけみると、有賀との論争点はわかりにくいかもしれない。もう少し、喜多野説を見ていこう。

喜多野は、有賀の戸田批判に対して、戸田の小家族論を擁護し、その延長線上に自身の「家」と家族についての議論（「日本の家と家族」）を展開している。喜多野は「家」を「社会集団としての一般的な家族の日本における歴史的形態」、「家もまた家族に他ならない」とし、「家」を日本の家父長制的伝統の家族を指称する用語に限定して用いる。

「家」を日本の歴史的社会的制度と位置づける点に有賀との大きな違いはないが、その意味するところは異なっている。加えて異なっているのは、小家族が複数結合した家族として「家」を捉えている点である。さらに喜多野説の特徴は、家長権とのその権威から「家」を概念化しようとする点にある。つまり、有賀が「家」の成立を、外的な社会的条件に求めたこととは対照的に、喜多野は「家」の内部から家長の権威を中心として概念化している。この概念化の枠組みから、喜多野は、「家」には非親族が含まれるとしても、家長権との関係が親族とでは異なっているとする。

有賀の戸田批判に対しては、系譜の中核には、従来、血縁成員の跡継ぎ夫婦がなること、名子を持つ家々は東北地方に多く、日本全体でみた場合にはやや偏りがあることを指摘し、本質的には、「家」は家長家族を中心とする親族で構成されるとした。そして、有賀とは対照的に、非親族で「家」の継承にとって周辺的地位にあった人は、親族と同じようには「家」の意識を共有している訳ではないと述べる。

もちろん、喜多野も「家」における生活や労働が非親族を含むことは承知している。しかし、その在り方は、家長家族や親族とは異なる。従って、「家」は家長家族を中心に小家族の組み合わせによって形成される。中心にあるのは家長家族である。喜多野にとって「家」は、日本の歴史社会的、一家族形態であった。

喜多野は、戸田学説を「家族結合の本質論」と位置づける。戸田の家長的家族と有賀の「家」の捉え方において大きな違いはないとしながら、両者において異なっているのは、世帯所属を決める根拠にある。有賀は、「家」の要求の貫徹、家計の共同にその根拠におく。したがって血縁非血縁の区別は後退する。戸田は世帯統合の根拠を、世帯主とその近親者の一族を殊別して、これと親族関係のないものを排除する。
戸田の共産的関係を喜多野は以下のように解説する。

家族結合のもっとも基本的な特質であるところの、家族員相互の感情的融和、人格信頼による合一化、相互の生活安定保障というような成員の内的態度が基底にあって、この基本的態度が対人的に現れる結果として家族員間に形成される生活の共産的関係。（中略）このような共産的関係が実現しやすいのは、感情的融合と人格的信頼による合一化のもっとも形成されやすい小家族結合においてである。（喜多野一九七六、一二八頁）

喜多野は、戸田の共産的関係を、ヴェーバーの家共産主義から解釈する。家共産主義は遠い過去からの家の伝統的権威と、そのことへの人格的なピエテートによる服従によって基礎を与えられている。ピエテートとは恭順とも訳されるヴェーバーの概念であり、権威に対して人格的、情緒的に従うことを意味する。ここには夫婦と親子のほかにDiener（譜代下人）も含まれる。日本の家においても、「召使」または「譜代下人」を家の成員として容認する根拠は、このような家の権威へのピエテートを伴う服従の関係におくことができると、喜多野は考えている。

家長が彼らを包容し、彼らに庇護を加えるのも、このような人的関係にあるものとしてであって、その故にそれは、血縁家族員に対すると同じように、生涯にわたっての全生活的な性質のものとなる。かかる庇護の関係を私は〝扶養〟と解して、かかる扶養の関係において家に包摂されている「召使」と、契約による雇傭の召使とは社会関係を異にすると考えるのである。（同、一三三頁）

つまり、喜多野は、嫡系成員と傍系成員と召使、契約による雇用の召使とでは、権利の享有には、本来的に大きな差異が生じていると考えており、「単に機能的参与の問題」ではないとしている。この点が、喜多野と有賀の見解が分かれる最大のポイントである。

戸田はこの全人格的結合という性格を、小家族結合の理論として示した。喜多野は、家父長制的な家結合として考えても、伝統的な家権威の容認・承服に基づく、人々の人格的な結合を基体として考えることができるとする。召使もまた、「このような人間関係に融合する限り家の成員でありうる」。喜多野にとって「単に生活集団への機能参加や契約的な雇傭者は、「家」の成員ではありえない」。召使・奉公人が一律に「家」の成員になるかどうかではなく、「主人との従属関係において様々な段階のものがありうる」（同、一四八頁）。「家（家族）は各種の生活機能を営むとしても、その結合の基体は人格的な融合一をなしている人々の結合であると考える」という。（同、一五三頁）

戸田の学説をふまえて喜多野は、核としての小家族結合は、有賀が理解しているような、「平面的」な単位ではなく、現実の歴史的社会的家族を家族として規定する理論的基準を与えるもの、家族の本質的規定であると位置づける。

喜多野の分析、解釈は明晰である。ただし、感情的融合と人格的信頼による合一化が、なぜ小家族においてより可能なのかについての説明は戸田にも喜多野にもない。それが家族の本質であるというのが彼らの立場である。

喜多野の「家」の特徴は、何よりその中心に核としての小家族的結合をおく点にあり、その人格的な結合が、伝統的な家権威に基づいた歴史的形態を成しているものを「家」と呼んだ点にある。さらに、「家」を日本の家族とする有賀に対し、喜多野にとっての「家」は家権力のもとに成立した歴史的一形態であった。

血縁を超える「家」——継承と連帯

有賀喜多野論争のもう一つの展開は、同族に関する議論である。ここまでは世帯に非親族を含むことの解釈——それを「家」の成員と見なすか、見なさないか——について紹介してきた。次には、非親族が世帯を分けて分派世帯となった後の「家」の捉え方が問題となる。「家」が社会関係へどのように拡大していくかに関する議論である。この点は、次章でも引き続きテーマとなる。

有賀は世帯の独立を分家とみているが、喜多野は、分家を、新しい「家」を分立させる本家の家権威に属する行為とする。喜多野においては、同族結合は「家」を単位とするが、生活集団としての「家」の連合とは性質的に異ならざるをえない。生活の共有や互助関係を伴うという認識は両者に共通している。しかし、単に機能的関係があるだけでは、喜多野にとっては十分ではない。喜多野によれば、家々の間には、本末の系譜で結ばれた系譜意識があり、それは親族、非親族、召使等の身分によって異なった処遇を受ける。分家が出稼ぎ等で本家に勝る経済力を得ても、本家と分家の関係が入れ替わるわけではない。系譜の中心にある本家が権威を持ち、先祖祭を司り、村のなかでの地位も高い。

世帯の独立を「家」を見るかどうか、本分関係は何によって規定されるかという問題については、及川宏も、有賀の同族と分家の位置づけについて批判を加えている（及川一九六七）。及川の「家」についても後章で詳しく紹介したい。有賀、喜多野の見解の相違は、大家族制で著名な「飛騨白川村」の家族の解釈にもあらわれている。この点も後章にゆずりたい。

有賀と喜多野は、「家」が生活の場において非親族を内包することや、「家」の中心に系譜の連続性があり、継承者であるかどうかによって成員を嫡系と傍系を分けること、処遇が異なることについては見解を共有していた。観念としての「家」に着目した鈴木においても、生活の場に非親族を含むこと、そのことの解釈が問題となっていた。

他の多くの論争がそうであったように、有賀喜多野論争のどちらか一方に軍配があがったわけではない。ただ、論争時ではなく、構築主義、近代家族論になじんだ今日の視点からみると、家族結合の本質に人格的合一をおく戸田・喜多野の本質論は、やや分が悪い。

有賀は、親族／非親族という血縁関係の有無という区分ではなく、嫡系／傍系という区分で「家」の成員資格を分けた。さらに家族を超えて社会関係へと拡大される「家」に着目した点は今日なお有意義な指摘である。他方で、喜多野が批判したように、生活の共同と系譜の共有によって、成員たちが同じように「家」に帰属したといえるのかどうか、それが地域差を超えて一般化しうるのか、という点もまた示唆に富む。

戸田や喜多野が重視した家族の本質的規定については、近親者の感情融合を前提として家族の本質論を展開することへの批判はある。しかし、Weber のピエテート概念を用いて比較社会学的に分析的に家族結合の本質に迫る喜多野の理論は、当時、法社会学や家族社会学において肯定的に受け入れられ、戦後家族論の理論的基礎を提供することになったことも事実である。

本章のテーマである「家」と血縁の関係については、両者とも血縁成員に「家」を限定してはいない。むしろ、続く章で見るように、及川宏の「家」研究の解説のなかで、喜多野は、血縁を前提とすることに慎重である。「家」の結合原則は、血縁ではなく系譜である。系譜と血縁は、概念として明確に峻別されていなければならない。

その上で、「家」の世代を超えた継承を可能にしたのは、血縁の連続性ではなく、系譜の連続性であることが重要であったのである。

「家」は、単に生活を共にしていることから成り立つのでもなければ、系譜を共有しているだけで成り立つものでもない。それらが組み合わされたなかで捉えられてきたのである。

社会関係への拡大と求心的家族結合という対照的な二つの要素がどのように統合されていたのか、あるいは拮抗していたのかを問うことが、この論争から抽出される現代家族にまで通じる課題である。「家」と血縁の関連を、系譜という概念によって切り離して見てきた。その上で、改めて「家」や家族にとって血縁が持つ意味を問うことが課題である。そのためには、一つには、家族の本質論として展開された戸田、喜多野の学説を、今日的に読み直すこと、そして「家」の連続が、血縁、血統の連続であると思念されるようになる近代的文脈を捉え直す作業が必要であろう。

◆三章◆

大きな「家」と小さな「家」

——「家」は大家族か

二つの「家」

まずは、二つの対照的な記述から本章を始めたい。
一つ目は、三菱の創設者である岩崎弥太郎によるものである。三菱財閥の創始者、岩崎弥太郎は、明治八年（一八七五年）「三菱汽船會社規則　立社體裁」の冒頭第一條で、

當商會ハ姑ク會社の名を命シ會社の體を成スト雖モ其實全ク一家ノ事業ニシテ……（三菱社誌一九五九、三七頁）

と掲げ、自分が興した会社は、会社の形をとっていても、一家の事業であるという点を明確に打ち出している。また、これに先だって明治六年（一八七三年）に九十九商會という名称を三菱に改めた際、米国留学中の弟弥之助に送った手紙にも、次のように記している。

巨大一家を興起致候間、貴様にも早く進歩の上帰国を祈り候也（傳記編纂會一九六七

下、三四頁)。

ここにも三菱という組織を巨大一家としていることがわかる。

ここでは、後に財閥化する企業体を「家」を呼んでいる。岩崎にとってのこの時の「家」は、本人がわざわざ断っているように、他者から見れば、会社である。今日、家族論の「家」概念になじんでいる人にはことさら違和感があるだろう。「家」は直系家族か、「家」は大家族であるかといった家族論における言説と照らしても、おおよそ議論の外側にある。しかし、今日の家族的な用語ではくくりきれない「家」意識があることには目を留めておきたい。なぜならば、今日の「家」を考える鍵は、具体的に目に映る家族の実態や世帯構成からは必ずしも明らかにはならないからである。都会で一人暮らしをする若者にも「家」意識を抱いている人がいる一方で、二世帯住宅に住んでいても「家」とは無縁の人々もいる。

岩崎の見方が一般的であったとはいえないし、「家」意識が全ての会社組織に属する人々に共有されていたともいえない。実際、三井や住友などの巨大な経営組織では、会社は誰のものか、一族のものか社員のものか、番頭格の使用人と一族との間での確執もあり、経営にかかわる当人たちにとっても「家」の像は一様ではなかった。ここにある差異や重層性が本章のテーマである。

もう一方は、柳田國男である。

珍しい事実が新聞には時々伝えられる。門司《もじ》では師走《しわす》なかばの寒い雨の日に、九十五歳になるという老人がただ一人傘一本も持たずにとぼとぼと町をあるいていた。警察署に連れて来て保護を加えると、荷物とては背に負うた風呂敷包みの中に、ただ四十五枚の位牌《いはい》があるばかりだったという記事が、ちょうど一年前の朝日新聞に出ている。こんな年寄の旅をさまよう者にも、なおどうしても祭らなければならぬ祖霊があったのである。我々の祖霊が血すじの子孫からの供養を期待していたように、以前は活《い》きた我々もその事を当然の権利と思っていた。死んで自分の血を分けた者から祭られねば、死後の幸福は得られないという考え方が、いつの昔からともなく我々の親達に抱かれていた。家の永続を希《ねが》う心も、いつかは行かねばならぬあの世の平和のために、これが何よりも必要であったからである。これは一つの種族の無言の約束であって、多くの場合祭ってくれるのは子孫であったから、子孫が祭ってくれることを必然と考え、それを望み得ない霊魂が淋《さび》しかったのであろう。（柳田一九三一→一九九三、二

四九頁）

ここで柳田は、背中に背負った四十五枚の位牌のみを持つ老人に「家」の永続の願いを見ている。前章で取り上げた鈴木栄太郎の一人の「家」もありうるという指摘が、まさにあてはまる事例である。先祖の位牌を守ることとただそのことにも、「家」の永続への願いを読み取っている。

この二つのエピソードは、ともに引用されることも多く、「家」に関心を持つ読者ならばどこかで目にしたことがあるかもしれない。この二つの「家」は、一方は巨大な組織体を、他方は位牌の束を「家」に重ねて思念している。同じ表現を用いていても指し示すものは大きく隔たっている。しかし、両者とも（一方は老人というより柳田のだが）思念する対象こそ異なるが、それぞれに「家」を見ている。研究者の定義によって、「家」である／「家」ではない、と呼び分けたところで、彼ら自身の意味づけは変わらない。むしろ、ここでは、いろいろな位相の「家」の共通項と差異をすくい上げるのがテーマである。

ただ、位牌のみを守ることに「家」の永続を託す人から、巨大化した財閥組織まで、人々が「家」として思念する対象はざまざまである。まずは「家」がこのように多様な対象について思念されていたことを確認して、本章の出発点としたい。

先行研究に目を転じてみよう。複合家族と単一家族の対比（有賀喜左衛門）や、巨大イエ・大イエ・中イエ・小イエの区分（森岡清美）など、いろいろな位相の「家」を類型化する試みがあった。直系制家族、大家族に関する議論も同様である。どの「家」研究が正しいかといった議論は本書の主旨ではないが、ただし、根拠もなく単純にイメージだけで過去の大家族を「家」とする見方については、批判的に取り上げる。

「家」と世帯

前章の要点を繰り返しておこう。鈴木栄太郎は「一人の家もある」と述べた。一人の「家」も、巨大な「家」もあり得る。これらを「家」として思念できたのはなぜなのか、このことの意味を理解することが本章のテーマである。

一人の「家」もありうるということは、世帯規模の大小では「家」を語ることはできないことを意味する。

付け加えると、世帯規模は過去の時代においても決して大きくはなかった。イングランドに関してもラスレットが『われら失いし世界』7において類似の指摘をしている。昔の家族は多世代が同居していて、子どもも多く大家族だった、そして近代化、産業化によって縮小したという、昔の大家族イメージは、日本に限らず過去の家族に対して抱かれがちなイメージであるようだ。こうした大家族像を「家」と重ねる人もいるだろう。しかし、戸田貞三が分析したように、戦前においても日本の世帯規模はそれほど大きくはない。多世代が同居するためには上の世代の寿命が十分長く、加えて多くの子どもが生まれて、かつ生き残る人口学的条件が必要であるが、「家」の時代には、その条件はまだ不十分だった。

もちろん、白川村のように、一世帯数十人が一緒に暮らすケースもあったが、それは極めて例外的であった（江馬一九八六）。合掌造で有名な飛騨白川村では、長男のみが婚姻し、夫方に夫婦で同居し、他の傍系きょうだいは（法律上は）未婚のまま生家にとどまった。実際には、通い婚の形をとり、子供は母親の生家に同居した。傍系成員は日常、生家の労働に従事するが、休日には自分たちのささやかな畑を耕しわずかながら私財を蓄えた。労働組織としてみると彼らは生家に属するとみることができるが、他方で別居していながらも夫婦と子供という単位の核家族的意識を持っているともみることもできる。

白川村に限らず、労働力の必要から大家族の形態をとる地域においては、世帯全体の大きなまとまりと、小さな単位の独立性との二重性が存在し、そのことが「家」研究のテーマとなってきた。同じ対象をみていたとしても、大きな単位と小さな単位のどちらに説明の重点をおくかによって、「家」の説明図式は異なってくる。

白川村の大家族制は、このように、単に世帯規模が大きいだけでなく、他方で、たとえ世帯として独立していなくともそのなかに独立の小家族意識を持っていたとみることもできる。全体をみて大家族と捉えるか、そのなかにも小家族的核を見るかという異なる解釈が存在する。先に述べたように、長男家族の子以外は、母と一緒に母の実家に帰属する。家督の継承という意味では、長男が継いでいくので父系であるが、跡取り以外の子どもは、母系居住である。白川村の大家族制は、分家を出すことがきわめて困難な状況にある家族形態として特異な例ではあるが、実はヨーロッパの山間部の大家族制との類似点もあり、比較研究の好例でもある（Mitterauer 1983）。

ただ、白川村も、決して歴史的に長い期間にわたってこのような大家族的居住形態をとっていたわけではないとされている（柿崎一九七五）。山間地で地理的に新しく分家を出す

7　P・ラスレットは、この本のなかで、過去の社会は大家族だったということが神話にすぎないことを教区簿冊の統計分析によって明らかにした。（Laslett, 1965=1986）

ことが困難であったことや、多くの労働力を必要としたことが、その要因として考えられる。他の地域で職業につく選択肢ができれば、跡取り以外は外に出ることを選択する。

このように大家族制は一定の社会経済的状況において出現したと考えられる。したがって、文化として歴史的に持続していたと安易に解釈すべきではなく、それが生じやすい社会的状況があり、その状況が変化すれば、変容していくものであると考えておいた方がよいだろう。そしてその過程には、大家族へと統合しようとする方向と、分化独立していこうとする二つの方向性が併存していたのである。

いろいろな意味で、大家族で人々が一枚岩に同じ「家」意識を共有していたとは考えにくい。むしろ、「家」の変化を捉えようとするならば、「家」には、一つに統合しようとする力と分化独立しようとする二つの方向性が時に緊張しながら存在していたという点を示唆として受け取りたい。

白川村は親族で構成される大家族であるが、前章で見てきたように、生業において多くの労働力を必要とする地域や職業においては、家族、親族だけでは足りず、養子や奉公人などの手段で労働力を確保した。世帯規模が大きくなるのは、そうしたメンバーを含む場合であることも少なくなかった。こうした非親族の存在を世帯員数として数えるかどうかによっても家族数は異なる。前章で紹介した戸田貞三のように同居する非親族を除いて数えれば世帯員数は少なくなり、有賀のように非親族も「家」の構成員として数えれば世帯員数は大きくなる。

世帯構造は、人々の生活の場に深く関わってはいるが、しかし「家」を世帯規模によって語ることはできない。なぜならば、「一人の家もある」からである。冒頭に紹介した位牌を背負った老人の例もそうであるが、一世代一人で続いていく「家」もある。たとえば、ある「家」の養女になった女性が、生涯未婚で過ごし、養女を迎える。一世代は女性一人であるが、当人が「家」を続けていくべきと考え、その規範を次世代も共有したならば、「家」が続いていると解釈することもできる。

それに加えて、ある時点で三世代同居だから「家」、核家族でしか住んでいなければ「家」ではない、といった議論には無理がある。なぜならば、世帯構成員の年齢構成やどの段階で見るかによって規模は変わりうるからである。上の世代が早く亡くなれば、「家」的な規範を内包している世帯でも核家族の形態をとることもある。規範と現実は必ずしも重なるとは限らないのである[8]。

8　森岡清美は、理念と現実を分けて考える必要性を指摘している（森岡一九九三）。

ここまでみてきたように、世帯の実態から、「家」を説明することはできないが、では、世帯構成や同別居の規範は、「家」とどのようにかかわっているだろうか。子どもの一人が結婚後親と同居するという居住規則は、直系制家族と呼ばれている(森岡一九九三)。この直系制家族は、多くの論者によって「家」として捉えられてきた。単に世帯員数が多いことから語るのは、通俗的な「家」のイメージである。しかし、居住規則は、相続や隠居慣行とともに、「家」を語る重要な要素であった。

ミニマムな「家」——直系制家族と「家」

世態形態や人数では「家」を語りきれないとしても、世帯構成は、ではまったく「家」とは独立の事象かというとそうではない。世帯構成の規則、規範は「家」と深くかかわっている。接点の一つにあるのは、居住規則である。居住規則とは、具体的には、子の結婚後に親と同居し続けるか、結婚を機に子どもは家を出るかどうかという居住規則である。跡取りは同居するだけではなく、家業や家産等を継承することを予定されていた。これが直系家族制として論じられてきた家族の一理念型である。戦後日本の家族変化は、「家から家族へ」という図式で捉えられてきた。居住規則で言い換えると、それは直系家族制から夫婦家族制へとなる。森岡清美によるこの概念化は、家族社会学における家族変動の代表的なとらえ方である（森岡一九九三）。

既婚子の一人（跡取り）が、結婚後も親と同居し続けるという規則が直系家族制（直系制家族）で、どの子どもも結婚後、親と別居するという規則が夫婦家族制（夫婦家族とも呼ばれる）である。この類型に基づいて、日本の家族は夫婦家族制へ移行したのか、あるいは直系制が続いているのかという議論が今日も繰り返されている。

では、直系制家族を「家」と同義に捉えてよいかどうか。本書は、「家」と家族の両概念は別の位相にあると考えている。したがって、「家」と直系家族を同義に扱うことには慎重である。直系家族だけが「家」ではないと考えるからである。しかし、直系家族制は、家族関係が直系に連続していくという規則という意味では、小さな「家」の継承の理念型である。この時に鍵になるのは、世帯構成や、単に一人の子どもが親と同居し続けることだけではなく、子供の一人が親と同居する形で家族が途絶えることなく直系に続いていくという規範意識が存在することである。

現実に多世代が同居していることや世帯規模が大きいことをもって「家」と捉えると、

「家」の意味を見誤ることになるが、具体的な規模ではなく、世帯構成に関するルール、規範、制度で「家」を考えることは可能であるし、重要である。鈴木栄太郎の一人の家族はないが一人の「家」はありうるという指摘を思い起こせばよい。「家」の規範を内包していれば、それは「家」と呼びうるのである。

鈴木栄太郎も「家」を直系家族であるとした。直系家族は「家」の精神を内包し、連続させていく家族であるという含意である。森岡清美の分類する小イエ（後述）も家族である。繰り返しになるが、それは必ずしも常に直系家族形態として現れるわけではないが、子供の一人を跡取りとし、その子供と同居し家産、家業を相続させていく家族である。家族論から「家」にアプローチすると、やはり直系制家族が「家」の理念型になる。他方で、経営論や観念論から「家」にアプローチすると、より広い組織理念や統合理念として「家」は捉えられる。

さて、ここまでは、「家」の中心にある家族規範がテーマであった。何があれば「家」であると人々は思念することができたか。その規範意識を内面化し、何らかの継承していくべきものがあれば、一人の「家」もありうる。鈴木栄太郎は、それは標識と呼んだものによって可能になるとした。「家」の存続を後押しするような社会的制度基盤がほぼ消失しつつある今日においては、他者にとっては意味のないような些細なものでも、個々人にとっては標識になりうる。現代において、継ぐべき財産や家業がなくとも名字だけは継いで欲しいという声を時々耳にする。その場合は、名字が「家」の標識である。柱の傷や、庭の一本の木も、わかりやすい例かもしれない。ミニマムな「家」を可能にする要件はあらかじめ決まっているのではなく、人々が思念することによって意味を持つのである。むしろ、「家」に関する社会的な了解が消失あるいは拡散している今日にあっては、その意味づけは、かなり多様である。

ただ、「家」は直系に連なる家族成員のみで構成されている訳ではない。前章で見てきたように傍系親族や非親族も含まれうる。「家」は直系家族であるという表現に慎重でありたいと本書が考える理由はそこにある。直系制家族だけが「家」ではない。

そこで、以下では、「家」が持ちえた広がり、大きな「家」についての論をすすめていきたい。家々の連合体や拡大する「家」、巨大な「家」がテーマとなる。何によって人々は、拡大する関係性を「家」と思念することができたのだろうか。

拡大する「家」――大家族か同族か

ここまで見てきたように、「家」は世帯規模という意味では大家族ではない。その意味で、「家」は大家族かという問いに対する答えは否である。しかし、「家」は大家族かという問いは、実は、「家」研究ではもう少し深い意味を持っている。学説史からいうと、前章で紹介した有賀喜多野論争に及川宏の「家」という補助線を引くことで、このことを読み解いていきたい。

まずは、ここでも大きな「家」と大家族と呼ばれてきたものの違いからはじめよう。「家」の連合体（家連合）と大家族とはどう異なるのだろうか。また、その違いを問うことにはどのような意味があるのだろうか。

「家」が非親族を含むということは、「家」の研究にとって共通了解ではあったが、「家」の成員として位置づけるかどうかについては立場がわかれた。前章で紹介した通りである。そして「家」が非親族を含むこと、傍系成員や非親族成員が世帯を独立して分家することをどのように解釈するかという点は、「家」理解にとって重要な鍵であった。この点は、有賀喜多野論争でも論じられたが、その際に有賀喜多野の両者がともに注目したのが及川宏であった。

分派した分家世帯はそれぞれ「家」なのか、それとも本家と密接に結びつく大家族の一部分なのか。有賀が紹介している東北における名子の分家は、それぞれ「家」なのか、それとも世帯を分けただけで、大家族という呼び名がふさわしいような大きな「家」の一部なのか。

有賀、喜多野の双方が注目した及川宏がこの点を議論している。若くして亡くなった及川の主要な論考は、没後に刊行された『同族組織と村落生活』（未來社、一九六七年）に収められている。その影響の大きさについては、有賀、喜多野それぞれがふれている。

後述するように有賀は及川宏の批判を受けて、それまで用いていた大家族という表現を家連合（同族）と言い換えた。最初、分派した世帯の集まりを大家族と呼んでいたのだが、及川の批判を受けて、分派した世帯を分家として独立したものと位置付けた。そして、本家との関係を大家族ではなく「家」の複合体として、同族と位置づけたのである。

有賀は、著作集第一巻『日本家族制度と小作制度』「新版の序」において『農村家族の研究』（一九三八年版）を大きく改訂したことの理由が二つ位あるとし、そのうちの一つにこの点をあげている。

一は『農村社会の研究』において、私は、本家分家の互助集団を大家族形態と規定したのに対し、及川宏氏が批判し、この集団を家単位の互助組織としての同族団と規定すべきだと指摘したので、この考えの正しさをうけ入れて、農村社会の構造を考え直すことが、私にとって必要となったことである。（有賀一九六六、二一―三頁）

この点についての及川自身の指摘を追っておこう。

それが「大家族」の呼称を以て指示されるかどうかは別として、日常の生活単位たる家族よりは一段高き序列にある、より広き家族的結合がそこに考えられる。同族組織又は同族団が即ちそれである。（中略）

同族組織の構成単位は個人に非ずして家である。此の意味よりそれは「家族」的結合たるよりは寧ろ「家」族的結合である。血縁的紐帯を無視しては居ないが、併し同族組織に所属する各人が相互に血縁的親近性を認識し、これに基づいて結合して居るのではない。各人は夫々の家族構成員として、従って所属する家を媒介としてのみ相互に同族者たる関係にあるのである。（及川一九六七、五一頁。ただし有賀が言及しているのは一九四〇年初出の論文。）

及川は、分家した家々の間の関係を「家族」的結合よりは「家」族的結合とし、「家」を単位とした関係を同族として考えている。日常の生活単位としての家族よりは一段高いところにある関係として家々の関係を捉えている。そして、有賀の研究について以下のように言及している。

「大家族」なる概念の通俗的な慣用は別として、此処で触れねばならぬ見解に有賀喜左衛門氏の提示されるものがある（「農村社会の研究」昭和十三年）。氏は家族を制度的に認められる社会構成単位としての「家」とし、従って所謂大家族制に同居的と分居的の二形態を区別される（八三頁）。本稿に云う同族組織は直ちに本家を中心としその戸主を家長とする「家」たるを要しない。各世帯が全く完全なる家として存立する場合にも同族組織なる結合はある。斯る意味からすればそれは氏の大家族なる概念に比

してより広き外延を有する。（及川一九六七、五三頁）

大家族なのか家連合なのか、という区分は、今日からみると、単に呼称に関する遠い議論に見えるかもしれない。しかし、このことは、何をもって「家」とするかという点にかかわっていて、「家」研究では一つの中心的な論点だった。有賀は、及川の指摘を受けて、大家族を同族と言い換えた。しかし、次の喜多野の指摘をみると、分派した世帯を一様に「家」と言ってよかったのかどうか見解がわかれていることがわかる。

有賀、喜多野の二人とも及川の同じ論文に言及していながら、異なった示唆を受け取っている。

喜多野は、及川の「家」理論を高く評価しながらも、以下の二点について批判を加えている。第一に血縁と系譜に関する問題、そして、第二が世帯の独立を分家と呼べるかどうかという問題である。有賀と喜多野が見解を異にする点はこの第二の点にあった。

まず、血縁の位置づけについて、喜多野精一は、及川の研究を評価しながらも、及川が「構成単位としての血縁的単系性」「父方の血縁を単系的に辿る」という表現を用いて同族組織を説明する点には批判を加えている（喜多野一九七六、二七六―二七七頁）。喜多野は、及川が一方で血縁性を社会制度的な意味において用いていることも繰り返し指摘している。しかし、なおそれでも、及川が血縁性を強調する点については批判的である。

同族組織は、あくまで系譜を共有するという相互認知によって成立する点が重要である。その際の相互認知とは、単に系譜を共有するということだけではなく、本家を本家として、分家を分家として、お互いに本末の関係にあることを認め合うことである。結果として同じ血縁成員であるということは起こりうるが、結合の本質は血縁ではない。あくまで系譜の共有である。

喜多野の「家」は、有賀と対比されて、親族結合を重視したとされている。しかし、その喜多野においても、血縁は系譜に優先するものではない。結合の本質は血縁ではない。有賀との対比では、後景に退きがちであるが、この点は喜多野の「家」理解においても欠くことのできないポイントである。

喜多野の及川批判のもう一つの要点は、分居が「家」になり、分家の成立になるという及川の所論についてである。このプロセスが極めて自生的本来的な過程のように述べられていると喜多野はいう。分居、家、分家の形成というプロセスを自動的な過程とすることによって、本家が系譜関係を設定するという現実や、本家権力に基づく家産の分与、同族の権威的秩序的性格の意義が薄れてしまうと指摘する。前章の有賀喜多野論争における喜多野の立場を思い起こせばもっともな指摘であろう。喜多野は、本家の家長の権威に基づく秩序関係から同族を捉えている。本家分家関係は、序列的であり、主導権を握っているのは本家である。喜多野は、自身の「家」理論の立場から、及川が、家成員の間に成立する「親和的関係」を特質とする出自集団として、同族を規定している点を批判する。

同族組織が父系単系の「血縁的」出自集団であるとする規定がすでに一種の停滞であるとともに、この規定では同族組織の構成単位が家であるとする見解が極めて平板な意味になり終っていることを指摘せざるをえないことは上述のごとくである。同族組織においてはむしろ家原理の主働的な作用がその組織化にとり基本的に重要であって、家は家原理によって家成員を選択的に包容しまた排出し、分家を創出して系譜に連結してゆき、この系譜連鎖によって同族の集団範囲が確認され、その共通の祖家を中心とし系譜の本源とする出自集団が成立する。かくて家がこの出自集団の構成単位である意味が論理的にも事実的にも確定する。このような同族組織が家の権威的秩序を特質とすることはおのずから明らかであるだろう。（喜多野、同上、二八四頁）

この批判的考察を通して、喜多野は同族組織を出自集団とする見解と、「家」をその構成単位とするという見解を整合させている。喜多野の同族理論の要点が凝縮されている文章であるが、少し入り組んでいる。血縁的結合は、喜多野によれば血がつながっているという「平板」な結合であるが、本家と分家の関係は決して平板ではない。あくまで本家が中心にある。それはその結合が血縁原理によるものではなく系譜原理によるからである。系譜の中心にある本家と周辺にある分家との間の結合関係は決して対等ではない。

喜多野の問題意識は、同族結合の本質を明らかにするという点にある。「家」が親族的結合を中心に持つとしながらも、同族結合はあくまで系譜の共有にあり、生理学的な血縁原理ではないという点を厳密に区分する。さらに、生活の共同によって非血縁成員が「家」に内包されるという有賀の視点とも区別される。有賀とは、非血縁を含むという点においては共通しているが、その概念化における強調点は対照的である。

「家」において血縁をどのように解釈するかという前章でも取り上げた問題がここにも現れているのである。

さらに論を進めよう。同族団と大家族は、しかし、成員が系譜を共有するという点においては違いがない。冒頭の三菱の巨大一家を思い浮かべて欲しい。岩崎が構想した「家」は、多くの社員を含んでいる。そしてそれらの社員は、岩崎と系譜を共有してはいない。財閥化した他の家業経営体も同様である。経営の中核に同族をおいていた三井では、同族内には三井家憲により細かい規則を設けている。三井同族までの範囲は、系譜の共有という説明が可能である。しかし、巨大な経営体全部を「家」と思念するには、系譜の共有という統合原則だけでは不十分である。

そうした巨大な経営体を「家」と思念するための一つの方法は、有賀や鈴木の視点を拡張すること、つまり経営や生活に参画することで得られる一体感や同一性による統合をもっと広く解釈することである。有賀の経営論は、系譜を超える家業経営体にも応用可能な拡がりを持っている。喜多野にとっては「平板」だったかもしれないが、より広い経営理念や統合理念を捉える可能性を持っている。

三井や三菱、住友など財閥化していった巨大な家業経営体では、家産、つまり資本を同族が所有するという形で、経営体と「家」を統合するという仕組みが見られる。会社組織を「家」であるとする了解を成立させるためには、近代的な統合理念によって補完することが求められたのである（米村一九九九）。いずれにせよ拡大する「家」の外延は、農村社会学の同族団の枠組みを超えていく。会社や国家をも「家」と見なす思想には、村と家の枠組みを超える統合論理が必要だった。

国家を、天皇を頂点とする一つの「家」と見なす家族国家主義についても同様の問いが立てられる。イデオロギー的に「家」の論理を国家にまで拡張するという仕組みが、果たして戦前の日本でどのように可能であったのか、どれほどの効力をもったのであろうか。後続の章で詳しく考えていきたい。

様々な「家」の位相

直系家族的な小さな「家」から国家イデオロギーレベルの巨大な「家」まで様々なレベルで「家」は論じられている。ここではそれらの広がりが、どんな概念で類型化され、解釈されてきたのかを見ていこう。

まずは大家族制と「家」の問題について、中心的な役割を担っている有賀喜左衛門の類型化を紹介する。有賀は、「戸主の直系親を家族成員として成立する家は今日われわれが普通にみる家であり、もっとも単純な形を成すから、これを単一家族」とよび（有賀一九

六六、一〇七頁）、傍系親や非血縁者がそれ自身の配偶者や子供を持たず戸主の家の成員として同居する場合も単一家族に含めている。さらに、「戸主の直系成員のほかにこれらの傍系親や非血縁者がその配偶者や子供を持ち、戸主の家の成員として一家計の家に属している場合を、複合家族」と呼んでいる。

（1）単一家族（戸主および戸主直系の尊卑属のみが配偶者を持つか持ちうる形態）

イ　直系の家

ロ　直系傍系の家

ハ　直系非血縁の家

ニ　直系傍系非血縁の家

（2）複合家族（戸主直系のみならず傍系、非血縁も配偶者を持つもの）

イ　直系傍系の家

ロ　直系非血縁の家

ハ　直系傍系非血縁の家

（同、一〇八頁）

有賀は、大家族については、「複合家族にして成員数大なるものを便宜上大家族と呼ぶ。したがって成員の限度を確定し得ないが一五人位以上が適当か」と述べ、一家計において世帯人数が大きい場合を「便宜上」大家族と呼んでいる。

有賀の分類の意義は、単に列挙したことにあるのではもちろんない。非血縁成員を含むこと、その契機は何かということが問題となる。夫婦の組み合わせが一つなら単一、複数なら複合という区分に加えて、それぞれに傍系や非血縁成員を含む。単一家族が独立した世帯となった後の位置づけが、有賀の「家」理解の一つの鍵である。複合家族と呼んでいるなかの夫婦が分派し、本家中心に生活の様々な局面で連帯するのが家連合である。そして、複合家族が世帯として独立した後の位置づけが論争となってきたことは見てきた通りである。

「家」と大家族の問題、巨大な「家」とミニマムな「家」を見通すための概念は、森岡清美の『華族社会のイエ戦略』（吉川弘文館、二〇〇一）でも論じられている。森岡はここで、巨大イエ、大イエ、中イエ、小イエという概念を用いて、主に華族層に焦点をあて、近世から近代へのイエの変容と重層性を説明している。まず、森岡のイエの定義を確認しておこう。

規模の大きな族縁共同体をさすために、ここでは家族あるいは家よりもイエの語を使用する。家族は夫婦・親子の霊長類的関係を基礎とする生活共同の親族集団一般をさし、そのうち日本の直系制家族を家という。家相互の結合型にタテの主従結合、ナナメの与力結合、ヨコの組結合の三つがあるが（森岡一九五九、三四四―三四六頁）、近世社会において大規模なイエを実現させたのは主従結合型であった。すなわち、イエは複数の直系制家族オヤコ（実親子と契約上のオヤコの両方を含む）および主従のタテ関係を基軸として結合し、オヤ＝主人の直系制家族を頭首として世代を超えて存続することを期した、日本の伝統的な族縁共同体である。（森岡二〇〇一、七一頁）

続いて、小イエ、大イエは次のように概念化されている。森岡も直系制家族を「家」と呼ぶ。そして直系制家族が小イエである。戦後以降の家族論において問題になったのは小イエ（直系制家族）であり、それ以上のイエは家族としては捉えられて来なかった。多くの場合、中イエ以上のイエの成員が、一つの世帯に同居してはいないからである。

イエの構成単位である直系制家族を小イエと呼ぶなら、近世大名のイエは多数の家臣の小イエを重層的に傘下におさめる大イエであった。大イエは大名のイエだけでなく、武家の名族、准門跡家あるいは豪農冨商等にも見られたが、一般に大名の大イエは規模が大きく、しかも全国至る所に聳え立って近世の政治組織を構成していた点で、とくに注目に値する。小イエでは実親子関係が主体をなすのに対し、大イエでは契約上のオヤコ関係と主従関係が卓越するために規模が大きくなった。結論を先取りして言えば、明治維新期に旧大名の大イエが解体し縮小して中核の小イエが残り、大イエの枠外に放出された旧家臣の小イエと並立することとなった。近世は大イエで特色づけられる時代というのなら、近代は大イエが解体し大イエの枠がとれて個別に成立した小イエ、つまり家の時代といえよう。(森岡二〇〇一、七一頁)

大イエは、小イエの連合体である。この書では、一例として家臣団が想定されている。大イエ、小イエに加えて、中イエ、巨大イエという概念もある。巨大イエは、近世にあっては将軍家のイエである。近代以降の巨大イエは天皇家である。近代以降の徳川家を森岡は准巨大イエと述べている。なお中イエは家老クラスのイエである。大イエと小イエ、あるいは巨大イエと小イエは、重層的に併存している。近代以降の天皇制家族国家観は、巨大イエ・イデオロギーであり、天皇家という巨大イエを支えるイデオロギーであった。

かつて大名家が大イエであるとともに、主家として大イエの頂点に位置する小イエであったように、天皇家は全国民を分家として包摂する「おおやけ」(巨大イエ)であるとともに、宗家としてその冠をなす小イエである。旧藩時代に経験した大イエを全国規模に拡大すれば巨大イエの概念がえられるところから、巨大イエ天皇家の家族国家イデオロギーは、大イエ経験の近代的拡大として、藩臣から朝臣に上昇して家産官僚制のスタッフとなった士族エリート層に主として担われた。(同、一二三頁)

森岡は、小イエとしての直系制家族とその連合体である大イエという概念を用いて、近世大名家の解体、近代社会における変容を説明している。もちろん、概念の構図としては、村落社会も含めた社会全体を説明することのできる射程を持っている。特に近代以降のイエの政治性、イデオロギー性を説明するためには、大きな有効性を持っている。先の議論との関連でいうと、家連合としての同族概念では包摂しきれない「家」にかかわる意識を説明するための枠組みを提供してくれる。

巨大イエから小イエという概念は、その名付け方から規模の大小を問題にしているように見えるが、そうではない。小イエは直系制家族だが大イエはオヤコ関係や主従関係をその結合の原則とする。森岡はここで系譜の共有という概念を用いていないが、系譜の共有に基づく小イエの連合は、森岡の概念では中イエにあたる。ここで概念化されているイエは、単に同じ結合原理で拡大していくという図式ではなく、小イエ（直系家族）を核として、様々な人や「家」が結びついているものとして解釈できる。

主従関係や契約的オヤコ関係を家族的な関係とは異なるものとして概念化するか、差異はあるものの同じ関係として包括的に捉えるのかは、ここで紹介した論者のなかでも立場がわかれるところである。主従関係やさまざまなオヤコ関係を擬制的と呼ぶことに否定的な見方も根強い。擬制的という表現は、血縁に基づく親子関係を標準として、養親子関係を含むその他の社会的親子関係を、それに準ずるものとみる含意がある。前章および本章で見てきたように、有賀の境界線は、血縁非血縁の間にはなかった。むしろ、それを嫡系傍系の間に線を引き、生活共同を軸に概念化したところに、有賀の「家」の特徴がある。

したがって、主従関係も儀礼的関係も生活共同にかかわるという意味において包括的に「家」を構成する関係として概念化される。

対して、喜多野清一は、そこに本家の権威という中心概念をおいて、生活共同に優先する重要性を見た。喜多野にとって複数の関係性を同じように位置づけるのは「平板」な「家」理解であった。

森岡のイエは、華族社会を分析対象としたところに有賀、喜多野との違いがある。本章の冒頭で掲げた、小さな「家」も大きな「家」も人々にとって「家」であったのはなぜかという問いに答えるための概念装置を提供してくれる。

イエには中心があって、そこには排他性、序列性がある。かかわる多くの人間が、対等に同じ濃度で連帯している訳ではない。中心にある家族（嫡系）には特権が付与されていて、周辺の家族（傍系）との差異は歴然としている。もちろん、現実には、本家分家の差異がそれほどない同族関係や、中心に必ずしも家族が形成されている訳ではないことも急いで付け加えなければならない。しかし多くの論者の共通認識は、「家」の結合原理を血縁ではなく系譜におくということである。それは、生得的観念ではなく、社会的観念である。系譜は嫡系と傍系を分ける。そして世代を超えて連続していくことが希求されている。

血縁ではなく系譜観念が「家」を構成するということが、「家」の拡大を可能にした一つの理由である。「家」の拡大を可能にするということは、言い換えると、拡大していく組織や経営体を「家」として思念することが可能であったということである。

他方で、ミニマムな「家」にとっても、血縁成員がいなくとも「家」がある、「家」が存続していくという観念を抱くことを可能にしたといえる。

「家」の重層性

いろいろな「家」があり得ることについて、考えてきた。それらの家々は独立して存在することもあるが、重層的にも存在しうる。非親族で養子や奉公人として他の系譜から移動して「家」に加わった人には、複数の系譜意識が併存している。統合された大きな「家」にかかわる意識と、自身の小さな「家」の意識はつねに親和的だったとはいえない。小さな「家」の意識は、近代化、産業化のもとでは、大きな「家」からの分離独立意識の核ともなった。移動と「家」というテーマは五章でさらに論じたい。

こうした「家」にかかわる人々の意識を考える際、中野卓による次の指摘は示唆に富む。

中野は、同族団等の家々の連合体を「家々がベッタリと親和的に結合する「共同体」などではない」として、その関係は、ある程度「共同社会的《ゲマインシャフトリッヒ》」でも「利益社会的《ゲゼルシャフトリッヒ》」でもあるとする（中野一九八三、三三五頁）。親族にせよ非親族にせよ、なぜ系譜の傍系にあった人は、「家」や同族の本家支配のもとにとどまったのか。有賀は生活上の連帯の必要性から、喜多野は家権威に対するピエテートから説明を試みた。鈴木においては、「家」の制度性、規範性が軸となっていた。三者とも、産業化、近代化のもとで「家」の変容をそれぞれに目の当たりにしながら、それぞれの「家」を論じていた。したがって、農村における生活の現実と移動や自立の欲求のなかで「家」を考えている。大きな「家」への統合と小さな「家」の独立という力学のなかに彼らの「家」論はあったといえる。

「家」の大きさに関する議論は、中核にある家族に独立性を認めれば、「家」は直系家族であるという指摘につながり、家々の連合体に注目すれば、大きな、しばしば巨大な「家」が焦点となる。大きな「家」と小さな「家」という問題設定は、「家」が大きいか小さいかということよりも、実は、大きな「家」と小さな「家」の重なり合い方と、それに向けられた視線、視点にある。大きな「家」は、複数の家族や非血縁を含みうるもので、それらの結合の規範や規則がテーマとなる。小さな「家」は、小さくても、さらには一人でも

「家」といえるのはなぜなのか、というミニマムな「家」の要件が問題となる。これらの問題は、決して現実的な規模の大小の問題として捉えるべきではないのである。そして小さな「家」の要件にかかわって派生する問題は、「家」にとって血縁とはどのような意味を持っていたのか、という他の章にもかかわる大きなテーマである。喜多野が及川の研究を評するなかで論じているように、「家」を血縁性からみることは、問題の核心を見誤る。有賀と対比すれば、親族結合に重きを置いて「家」を説明しようとしているようにみえる喜多野にあっても、「家」は決して血縁原則によって結びつくわけではないという点は重要だった。

また、大家族制に関する議論、そして森岡のイエに関する議論から見えて来ることは、家族の複合的結合形態としてのみ「家」をみることとの問題である。もちろん、現実には、親族関係と重なる同族関係もあり、「家」が実際は、親族からのみ構成されていることは多々ある。しかし問題は、その現実にはなく、「家」に人々を結びつける仕組みは決して家族単位に限定されないし、血縁の共有でもないという点にある。

それらを超え得るのが系譜観念である。系譜を中心として「家」に人々は統合されるという点が、大家族と「家」を分ける重要な一線である。その点は、及川、喜多野の同族の概念化のラインから学ぶところが大きい。

しかし「家」は系譜を超えて国家イデオロギーにまで拡大された。こうした拡大した「家」の理念と小さな「家」の関係については、五章以降で論じたい。

◆四章◆

家と村

【補論】

イエとムラ

「家」は、単に成員によって意味づけられることによってのみ、存立し得たのではない。近世、近代社会において、「家」は社会的、制度的単位であった。一人の「家」もあり得るという鈴木の指摘も、制度慣行に裏打ちされたものであったし、有賀や喜多野の「家」も一定の歴史的社会的条件のもとで成立すると考えられている。「家」の存立、特に農民にとっての「家」は村落共同体の構造と深く関わっていた。そして、研究においても常に村落共同体との関連で捉えられてきた。

村の研究は、それ自体で膨大な蓄積があり、それらを網羅的に紹介するには間違いなく「村」を読むという本がもう一冊必要になるだろう。ここでは、あくまで「家」というテーマとの関連で、以下の二つの点を焦点として「家と村」を補論として論じていきたい[9]。

9　家と村に関する社会学の入門書としては、鳥越皓之による『家と村の社会学　増補版』（世界思想社、一九九三）が代表的である。「家」に関してわかりやすく解説してある、数少ない貴重な書である。他方で、家と村に関する近年の大著としては細谷昴の『家と村の社会学』（御茶の水書房、二〇一二）をあげることができる。

一つは、共同体の観念としての「家と村」に着目するものである。鈴木栄太郎の「村の精神」を中心に論じる。

もう一つは、「家」にかかわる横の拡がりに関する研究を取り上げる。地域や同業組織、身分社会における社会的単位としての「家」が、特に村との関係においてどのように捉えられてきたか、農村社会学における同族理論を一つの中心として、「家」の横断的拡がりについて論じる。ここでは、村落類型に関する諸理論と地域性にかかわる議論に焦点をあてる。

これらの論点は、一方で「家と村」の観念体系に、他方で具体的な村落の構造や様々な社会関係にかかわる。両者とも、同族団の議論に重なる。同族が生活集団であると同時に、系譜を共有する認知的な関係性であることが、村の編成に深く関連付けられて捉えられてきたのである。

「家と村」は農村社会学の中心テーマであった。家々の集合体として村を捉え、「家」を村の構成単位として捉える。これが日本の村落社会の一つの理念型であった。「家」は村にあってこそ「家」であり、家々の連合体である同族団も村を離れるとその意味を著しく減じる。これが、農村社会学のスタンダードな考え方である。「家」は村で一戸前と認められることによって一つの「家」たり得る。家々の連合体である同族団も、村のなかでの社会的政治的単位であった。この考え方は、「家」を村落の構成単位、「株」として捉える立場に最も鮮明に現れる（長谷川他一九九一）。村の一戸前の株数が固定的であれば、家々が勝手に新しい分家を創設することはできない。世帯を分けたとしても、村で一戸前、一軒前と認められなければ、独立した一戸の「家」の権利を持つことはできない。「家」であるかどうかは、当該社会の社会的承認にかかっていた。

ここでは、村と「家」に関するこの枠組みを「家と村」の均衡理論と呼んでおく。あえてそう名付けるのは、農民の「家」以外の「家」に視野を広げて考えた時に、村を越えていく「家」、村を越えて拡大する同族団もあったからである。現実には、村と「家」は、絶えず均衡関係にあった訳ではない。特に商家や寄生地主化したような家々では、一つの村落共同体に収まらない家々の連合体が形成されていた。巨大化した「家」は、もはや村の単位としての「家」を超えている。

ただし、「家」が村を越えたからといって、自由に「家」を創設できたかというとそうでもない。たとえば、商家の「家」は大規模化すれば地縁を超えて規模を拡大したが、株仲間という同業者組織の承認はやはり必要だった。家禄によって「家」を維持存続させなければならない士族層もまた上位システムの承認を必要とした。「家」は、それぞれの社会において承認の体系でもあった。

農村社会学における「村」は、鈴木栄太郎の「自然村」(行政村と対置される)の概念を一つの中心として展開されてきた。自然村は、鈴木によれば、「字」、「部落」ほどの規模で、独立の村落形態を備えている単位をさす。鈴木によれば、「村の精神」とは、「生成する一個の精神」であり、「行動原理」であり、「村は単なる集団の累積体ではない」。この「村の精神」と「家の精神」が人々の生活、社会化にとって重要な単位であるとした(鈴木一九四〇→一九六八)。

ただし、鈴木栄太郎の自然村概念の理解には、留意が必要である。自然村は行政村と対比されるが、決してそれは、自然村が「自然」に生成されたことを意味しない。自然村も歴史的にみれば行政村であった。村が決して純粋に自生的な単位ではないことは、鈴木自身も自覚していた。

鈴木にとって重要なことは、それが作られた共同体であったとしても、そこに人々が統一性、同一性を見いだし、一つの完結した単位として観念していたということである。その範域は、行政によって区切られた境界性とは異なっている。行政によって区切られた範囲が、直接に人々の観念としての村と一致するわけではない。体験共同の歴史を経て、「村」は人々に共有される観念となり、儀礼を通した宗教性を伴う。それを共有する村人にしか意味をなさない様々な標識が存在する。それらの認識の共有が村人の帰属意識を高め、その排他性が、時に、隣接する村との対立をも生んできたのである。

鈴木栄太郎にとって「家」と「村」は、そこで生活を重ねてきた人にはわかる体験共同の世界であり、村人にとっては統一性、同一性を持っているものである。鈴木の「村の精神」という概念は、前章で見てきた「家の精神」と対になる概念である。

村落類型

「家と村」の均衡モデルにおける理念型としての村は、「家」を単位として、その連合体として成立していた。しかし「家」を単位とするといっても、村落における家々の関係は一様ではなかった。まず、個々の「家」が、必ずしも独立して村落構成の単位となったわけではない。同族型村落と類型化される村落共同体においては、家々は連合体としての同族団を形成し、同族団が村の政治的、社会的構成単位として存在していた。

同族団とは、家々の連合体であり、系譜の共有という本家分家間の相互認知に基づく団体（コーポレーション）である。本家分家の相互認知に基づくという表現からもわかるように、家々は互いに相手を本家、あるいは分家と相互認知しあうことによって同族団を形成している。そして系譜の共有の中核には、共に祀る先祖があり、様々な先祖祭祀の儀礼が同族団で執り行われていた。

家々が本家分家の上下関係によって結びついている村落を、福武直は同族型村落と呼び、対して家々の関係が対等である村落を講組型村落と呼び、これを対比して捉えた。そして前者が東北に多く分布し、後者が西南日本に多く見られることから、東北型、西南型と呼んだ。さらに、福武は、両類型を同族型から講組型へと発展段階史的に位置づけた（福武一九四九）。

しかし、家々の関係は比較的対等でありながら同族結合が強い村落や、同族型と分類される東北地方にも講組結合は見いだされる。両方の関係が併存する村落や、同じムラでも相互転換可能であったという指摘もある（江守一九七五）。

東北、西南という区分については、東北というと、特に、有賀喜左衛門が調査した岩手県石神の斎藤家のインパクトが強く、東北、大家族、同族型のイメージを強化しているともいえる。東北の家研究の蓄積からは、しかし東北型として一つの型で代表させることに対する反例も多いことがわかる。「家」の地域差に関する研究から学ぶことは多いが、他方で、日本地図が地理的に明確に色分けできるわけではないことにも留意し続ける必要がある。隣接する村落でも、たとえば街道沿いであるかどうか、他地域への流通経路を持つかどうかによって社会経済的条件は異なっている。

同族や村落に関する研究は奥深く、黄金期からはるかに遅れて「家」研究をスタートした後学者にとっては、敷居が高い。初学者にはわかりやすい類型が理解の助けになるが、その先には、必ずその類型にはおさまらない多くの現実がある。そして、同族研究、村落研究の一つの特徴は、村を歩き、村に入り、そこに観察される様々な社会関係をつぶさに調査し、その小宇宙を全体として描き出すところにあった。そこに情熱とエネルギーを傾けてきた調査研究者が、単純な類型化に抵抗を示したことも理解できる。

しかし、村落構造の違いに多くの関心が寄せられてきたことも事実で、福武の村落類型の他にも類型化は複数存在する。たとえば、川島武宜は、家凝集型村落、家拡散型村落と分類し、家々の結び付きの強さによって類型化を試みた（川島一九五七）。他には家格型（同族型・非同族型）と無家格型という分類もある（磯田一九五一）。

川島の分類に近いものとして江守五夫の同族制と年齢階梯制の区分を少し詳しく見ていきたい（江守一九七五）。この類型は、必ずしも「家」を単位としない村落に注目したもので、家的／非家的村落の分類と呼び換えることもできるだろう。

江守は、後者、つまり年齢階梯制（非家的村落）の特徴と変容について考察を加えている。年齢階梯制村落とは、家単位ではなく、性別年齢別秩序によって構成される村落であり、家々（ここでは、むしろ世帯と呼ぶ方が適切だろう）の関係はフラットである。生産力の低い村落に見られる形で、生産性の向上により同族型に転換することはあっても、同族型が年齢階梯型に転換することはない。福武の分類では、同族型から講組型への発展的変容を想定していた。しかし、同族型村落が年齢階梯型へと発展することはない。ここに、一見似ているようにみえる年齢階梯型村落と、比較的社会的経済的条件がよい地域にみられる講組結合型村落との違いがある。「家」を単位としない村落の存在は、とかく日本の村落や社会が「家」を構成単位として成り立っていたとする単一の見方に対する反例である。

では国家イデオロギーとして「家」が強制されてくる過程において、「家」がない村落はその影響の外にあったのだろうか。

年齢階梯型村落においては、「家」の秩序よりも村の秩序が優先されていたものが、近代以降の変容として、家長、戸主が優越してくる点を江守は指摘している。たとえば、民法の戸主権を後ろ盾として戸主会の権限が強くなったことを論じている。国家イデオロギーとの関連では、一村一家主義が登場し、土着の若者組が官製青年団へと統合されていくという変容が起こったという。強い自律的な「家」の不存在が、逆に国家主義への統合、再編を容易にさせたともいえよう。

同族と親族——イエとムラを繋ぐ関係性

大学で授業をしていて同族の説明をするとき、本家分家関係の話にうなずく学生が少数ながらいる。その先に、同族と親族は同じではない、という話を続けると、うなずいた少数の学生のうち、何人かは首をかしげ不思議そうな顔をする。簡単に言ってしまうと、同族は本家分家関係、親族は血縁と婚姻で結ばれる関係であるが、現実には重なることも多い。特に「家」の存続のための養子慣行が減少している現在は、尚更である。

しかし、同族は、親族関係とは異なる存在である。むしろ両者の関係を問うことが「家」研究の重要なテーマだった。ここで簡単に両者の違いをまとめておこう。マキ、イッケ、カブウチ、イットー等の呼称で呼ばれる同族は、祖先中心的に構成され、恒久的、排他的な団体である。父系単系的であり系譜の共有を軸とする。ただし、父系といっても血縁に限定されるものではなく、非血縁も含むことはこれまでの章で強調して論じてきた点である。養親子関係は血縁の擬制という意味で、擬制的親子とも呼ばれてきた。しかし、この擬制という呼び方には血縁が本来的であるという含意があるとして批判や抵抗も多い。

つまり、同じ同族団に属する人にとっては、誰にとっても同族は同一である。対して、親族は、個人中心的なネットワークである。個人を中心として双系的に広がる。つまり、誰を中心に考えるかによって親族関係は異なる。個人の死によって変容、消失する時限的なものであり、親族間の関係は、同族と比べて対等である。

同族は、本家の家権威を中心として、系譜関係に連繫されている「家」の連合体であり、本家、分家が系譜関係の相互認知に基づいて、地位に応じた役割を遂行し社会関係を形成する。したがって、理念型としては上下的であるが、家分家関係が対等な地域もあったことは、先ほど福武の二分類のところで述べた通りである。繰り返しになるが、いくつもの村落研究のモノグラフが蓄積されているなかで、すべてに共通するような定義やモデルを提示することは、とても難しい。ただし、いくつかの概念を手掛かりとして、人々がどのような社会関係を繰り広げていて、そこにどんな世界観や認識を持っていたのか、その多様性やバリエーションを知ることに興味があるならば、「家」の研究は、いろいろな示唆を含んでいる。

同族と親族は概念上異なると述べたが、現実には重なりも多い。たとえば、村落内婚を繰り返す僻山村では、両者がかなり重なることも多かった。また、同族関係の中枢には家長家族によって継承される直系家族があることから、同族を、親族結合を中心において概念化する立場もある。根本には、血縁とは何か、という問題がある。「家」の結合の本質は、血縁ではなく系譜にあるという点は、「家」理解のもっとも重要な点である。血縁が基本で、非血縁は擬制であるという理解では、「家」の要点は抑えられない。しかし、この点は、現代の感覚からは、つかみにくい点の一つであることは確かであろう。

日本のイエとムラは、同族と親族が重なりながら併存しているところに特徴があると述べた。単系的要素と双系的要素、上下関係と対等関係が併存して複数の社会関係によって形成されていた。同族は、恒久的な団体（コーポレーション）である。同族は、従って、超世代的性格をもち、人々をそこに帰属させるものであるが、親族は個人を中心とするネットワークである。同族の恒久性、親族の関係網が、組み合わされて併存しているのが村である。

なぜ、双系制と単系制が併存してきたのか、相互扶助の必要性、つまりお互いに助け合って生きていくために複数の関係性が必要であったということがその一つの理由であるだろう。もちろん、「家」や同族自体もそうした現実の必要性と深くかかわっていることは間違いない。「家」研究においては、「家」の解明に中心がおかれて双系的な関係性やネットワークについての関心が二次的になっていたという問題はある。親族や双系的関係へと目を向けるならば、従来周辺的な位置づけや意味づけしかなされてこなかった「家」と女性についての研究もさらに進展するだろう。

オヤコ関係（儀礼的親子関係、擬制的親子関係、親方子方関係）

柳田國男は、日本ほどオヤコ関係の種類が多い社会はないのではないかと述べている。日本人のごとく、人をやたらにオヤにする慣習を持っていた民族も稀である。立派に生みの二親を戴きながら、男には名付親・烏帽子親、女には鉄漿親などと名づけて、

努めて有力者を探してその子方になろうとした。（柳田一九四六→一九九〇、三三二頁）

たしかに、名付け親、元服親、カネツケ親（カネオヤ、フデオヤ）、宿親、拾い親等など様々なオヤコ関係の呼称が存在する。こうした様々なオヤコは、村落の社会関係を把握する上で重要な要素だった。主従関係、同族関係、（他村からの可能性も含んだ）選択性など、多様な関係様式のもとにオヤコ関係が形成されていた。

こうしたオヤコ関係（社会的親子、擬制的親子とも呼ばれてきた）の存在をもって、日本社会の家族主義的性格を指摘する論者もいる。しかし、むしろ、近代以降の親子関係が血縁的なきわめて狭い関係のみを親子と観念しているがゆえの指摘であると柳田は批判する。血縁が基礎でそれ以外は擬制であるという発想が、近代限定的で、オヤコとはもっと広い概念であったと柳田は考えている（柳田一九四六→一九九〇）。確かに日本に偏在する様々なオヤコ関係は、近代的血縁的親子関係を前提としていては十分な理解ができないだろう。これらの議論は、「家と村」における社会関係の境界と拡がりに関する視野を提供してくれる。生活の場に複数の他者がかかわる仕組みである。双系的なつながりや選択的なオヤコ関係は、今日のネットワークの議論にも接合可能であろう。もちろん「家と村」の研究に現れる社会関係は、ネットワークという言葉で想定されるような対等なつながりではなかったことは急いで付け加えなければならない。村における複数のオヤコ関係は、多元的で複数的であるが、主従関係や上下関係を伴っている。

「家と村」は、人々の生活や観念世界に多元的にかかわっていた。しかしその境界が揺らいだとき、「家」と村は相互補完的ではなくなる。変動を捉えるという本論の視点からいうと、「家と村」の均衡理論だけでは、「家」、特に動きつつある「家」は語れない。特に次章以降の国家イデオロギーと「家」の関連を考える時、それぞれは、対国家的にも親国家的にも働き得たのである。

村と「家」の考察を駆け足で行ってきた。残念ながら十分な考察をするには至っていない。本章は、「家」とそれを取り巻く関係について、鍵となるトピックを紹介する補論にとどめて、先を進めたい。

◆五章◆

「家」の宗教性

宗教的存在としての「家」

「家」にかかわる問題は変容、縮小したものの、現代も残り続けているのはなぜなのか。本章では、この点について、宗教性という視点から考える。なぜ、宗教という視点なのか。「家」の研究史上、それが重要なテーマだったということが一つの理由である。

加えて、どうも、「家」の変容や衰退を考える時に、機能的な説明では答えきれないと思われることが少なからずあるからである。しかし、たとえば、人々が墓参りをしているから「家」が持続しているという見方も単純に過ぎる。後で見ていくように、「家」は衰退したが、先祖祭祀は存続しているという指摘もあるからである。

「家」の持続性をその宗教性から考えるという見方は、先祖祭祀の変容と「家」の変容両方を、時に切り離しつつ考えることになる。

現在も、「家」の存続についての規範意識を抱いている人はいるが、それは、必ずしも当人たちにとってさえ説明しやすいものではない。規範意識を全く抱いていない人には、そのことが理解できないということがしばしばおこる。

「家」の存在を信じる人にとって、それは合理的に説明できるものではない。確かに、実家に田畑があって誰かが継承しなくてはいけないとか、代々家業を持っていて継がなければいけないといった具体的な理由は、わかりやすいかもしれない。

しかし、特に家業や家産があるわけでもないが、名前だけは継がなくてはいけない、自分が跡取りにならなくてはいけない、といった説明になると、当人たちも、なぜ自分がそれほど「家」にこだわるのか、実は自覚的ではない。

ある学生は、就職活動で悩んだ結果、実家に戻ることをやめ、全国転勤のある仕事についた。実家に戻ることはないし、結婚すれば姓が変わる可能性が高いだろう。それでも自分のなかに「家」はあり続けて、自分がそれを次世代に伝える限り「家」は続くと思うと話した。

親の代からサラリーマンである学生たちには、彼女が言おうとしていることが、伝わりにくい。具体的に何かを継ぐのではなくして、それでも「家」が続いていると思うということはどういうことなのであろうか。

卒論で「家」をテーマに取り組んだある学生は、インタビュー相手に、「自分の好きな仕事につきたい、でも実家に戻らなくてはいけない、不公平だと思うけれど、どうしたらよいかわからない」と泣かれてしまったという。明治時代の話ではない。現代の話である。とても悩んでいることは伝わるだろうが、なぜそこまで苦しむのかは、やはりわかりにくいだろう。インタビューをした学生は、この気持ちを言葉にするのが私の卒論の課題だ、と話していた。

これらのエピソードから見るべきことは、「家」が変わらず存続しているということではない。むしろ「家」は消えてはいないが、変容している。これらの語り手は、偶々すべて女性である。彼女たちは、実家の「家」の心配をしているが、自分が結婚して誰かの「家に入る」ということは全く考えていないし、むしろ否定的である。

女性にとっての「家」問題は、「嫁」の時代とは明らかに違う。もちろんその問題も消失したとはいえない。そして、男性ならば、結婚後に姓が変わる可能性は低いこともあって、名字の断絶問題は顕在化せず、先送りされる。

せっかく先輩女性たちが「家からの解放」をめざして戦ってきたのに、なぜ、今頃、そんなものを守ろうとするのか、と思う人もいるだろう。ここで論じたいのは、善し悪しの判断ではない。決してマジョリティではないにせよ、こうした葛藤が現代においても存在することについて考えることである。

実は、明治初期において、すでに、立場の違いにかかわらず「家」は早晩解体していくという見方が存在した（福島一九六七、四〇七、四〇九―四一〇頁）。一方はその衰頽を憂い、他方は「家」の解体後の新しい思想や制度設計を模索した。大正期にも、戦後民法改正期にも同様の指摘が繰り返されてきた。「家」は、近代以降、変容、衰頽の方向をたどりながらも、当初、想像されたより持続している。社会状況が変化し続けてきたなかで、何が残り続けたのか。

そのことを考えるための一つの手がかりとして、本章では、先祖祭祀にかかわる慣行や意識を取り上げる。

「家」の変容として語られてきた要素のなかでも、先祖祭祀にかかわる項目については変化のスピードが遅いことが指摘されてきた。世論調査においても、都市化、核家族化が家族論の主流であった七〇年代より、「年に一、二回墓参りをする」という人が七割前後いることがわかる。そして、その率は最新の調査まであまり変化がなく、最新の調査では増加していることが論じられてきた[10]。

これらの説明は、そうした変容を機能の喪失だけでは語れないことを示唆している。宗教も、人々を統合する一つの機能として見ることはできる。ただ、そうだとしても明治の初期に予想されたようにもっと早く「家」は衰頽したはずである。

先祖祭祀は「家」が語られる際に常にその中核にあった。単に、「家」が宗教性を持っているということ以上に、「家」そのものが宗教的存在であり超世代性や絶対性とともに思念されてきたことが問われてきた。

「家」が永続を志向されることについての説明は、柳田國男に依拠してなされることが多い。その説明は、近代日本の立身出世や「家」の独立意識の説明にも用いられてきた。「家」の永続への志向性は、家業や家産の相続や継承、同族や村落、上位権力との関係だけではなく、「先祖祭祀」「祖先崇拝」と連動するものとして論じられている。

また、先祖祭祀は、民俗信仰としてのみならず、家族国家主義との接合についても論点となってきた。ただし、家族国家主義、国体論と民間信仰との間に乖離を見る立場もある。どの立場が正しいか一つの答えを出すことは容易ではない。ここでは、いくつかの説を取り上げて、どのような立場や視点、発見があったのかを「読む」こととする。

先祖意識が「家」の根幹にあったと述べたが、それぞれのラインは一本の実線で続いて

10　ＮＨＫ放送文化研究所が、一九七三年から五年おきに実施している「日本人の意識調査」による（ＮＨＫ放送文化研究所編二〇一〇）。

いた訳ではない。誰を始点におくか、その線はどれほど繋がっているのかという点でみると、先祖意識にはかなり違いや曖昧さがある。養子になる、あるいは結婚によって生家のラインとは異なる系譜に属することもある。系譜観念の複数性や可変性が、「家」の連続の一つの鍵である。

人々は、何をもって「家」が続いていると観念することができたのか。「家」の連続は、「歴史的事実ではなく、規範であり要請である」（竹田一九七六）という言葉が示すように、必ずしも具体的な実態を伴って思念されてきたわけではない。

先祖祭祀の形も、社会の変容とともに変化している。墓や仏壇にはその変化が顕在化している。「家」と先祖祭祀は常に結び付けられて語られてきたが、その変容過程に、森岡清美や孝本貢は、「家」が衰頽しても先祖祭祀は続いていく様相を見ている。

森岡は「墓のない家」という論考で、同じ村にあっても宗派によって墓を持つ「家」と持たない「家」があったことを指摘している（森岡一九六五）。また単系的ではない双系的な先祖意識が大正期都市下層において現れたことも明らかにしている（森岡一九八四）。これらは、墓、先祖祭祀と「家」を不可分に捉える視点に再考を促すものであった。

本章では、「家」の宗教性について、主に社会学の領域において、先祖祭祀とその変容がどう語られてきたかという観点から見ていきたい。

「家」と先祖祭祀

先祖祭祀にいろいろな形があることは、先に述べたように既に指摘されてきたが、まずは、「家」と先祖祭祀がどのように結びつけられてきたのかを見ておこう。

「家」が、成員から人々自身の生死を超えて、超世代的存続を志向されるという特徴について竹田聴洲は自らの著書のはしがきにおいて、次のように述べている。

家族の成員個人は早晩死亡するが、日本ではこの家族を包む「家」は超世代的に連続する不死の存在とされた。この点は何れの学問分野でも等しく認められている。超世代的な存続というのはもちろん歴史的事実ではなくして、どこまでも規範であり要請であるが、そうした規範ないし要請が究極においてどこから生起してくるかをつきつめれば結局は「家」が一定の宗教性に裏打ちされているという事実に行きつく。その意味で家は宗教性と不可分の関係をもつが、それは特定の宗派教義以前の、もっとも

広い意味における宗教性そのものである。（竹田一九七六、一頁）

森岡清美は、『家の変貌と先祖の祭』のはしがきでこの竹田の言葉にふれ、「家」の宗教性の理由を次のように問いかける。

家は、特定の宗教の影響を受けた結果宗教性を帯びるようになったのではなく、それ自体の内部から宗教性がいわば醗酵し、かもし出された宗教性を満足させるような（形で）特定の宗教を受けいれたのであった。ではなぜ家は内生的な宗教性を持つのであろうか。

まず、家は一代限りであってはならない。親から子へ、子から孫へと末長く、できればいつまでも承継することが子孫の義務とされた。家の永続とは家名を永久に伝えることであり、先祖の祭を絶やさぬことであった。家の宗教性は、第一に先祖祭を核として出現したといえる。

家永続の願いは、伝えるべき家名があり、また先祖の功労に帰すべき恒産のある階級に顕著なことだった。しかし、都市下層住民や田舎の下層民では伝えるべき家名も拠るべき恒産もない。であるのになお彼らの家も宗教性をもったのは、第二に、死者の葬送儀礼に由来するとみてよいであろう。もちろん、恒産ある階級の家においても、宗教性の源泉としての葬送儀礼の重みは大きく、ここでは葬送儀礼が葬後儀礼をへて先祖祭に連結昇華されるのである。この意味で、家の宗教性を考察するには、葬後儀礼の定着過程をふりかえってみなければならない。（森岡一九八四、一一三―一一四頁）

人々に世代を超えた連続性を希求される「家」は、超世代性や存続の絶対性を志向されるという意味で宗教性を持った存在である。そして「家」の永続は先祖観と深く関連づけられてきた。財産をもたない人々においても、形こそ違っても、共有されていると考えられてきた。

本書で再三、引用している柳田の以下の文章も、そのことを表す象徴的な事例である。

珍しい事実が新聞には時々伝えられる。門司では師走なかばの寒い雨の日に、九十五歳になるという老人がただ一人傘一本も持たずにとぼとぼと町をあるいていた。警察署に連れて来て保護を加えると、荷物としては背に負うた風呂敷包みの中に、ただ四十五枚の位牌があるばかりだったという記事が、ちょうど一年前の朝日新聞に出ている。こんな年寄の旅をさまよう者にも、なおどうしても祭らなければならぬ祖霊があったのである。我々の祖霊が血すじの子孫からの供養を期待していたように、以前は活きた我々もその事を当然の権利と思っていた。死んで自分の血を分けた者から祭られねば、死後の幸福は得られないという考え方が、いつの昔からともなく我々の親達に抱かれていた。家の永続を希う心も、いつかは行かねばならぬあの世の平和のために、これが何よりも必要であったからである。これは一つの種族の無言の約束であって、多くの場合祭ってくれるのは子孫であったから、子孫が祭ってくれることを必然と考え、それを望み得ない霊魂が淋しかったのであろう。（柳田一九三一→一九九三、二四九頁。ただしルビは省略した。）

この「家永続の願い」は、家族や農村研究者に限らず、多く言及、引用されてきた文章である。「家の永続」は、「いつかは行かねばならぬあの世の平和」のために、必要であった。死後の安寧のためには、子孫に祀られる必要があったという柳田の考えが直截に表現されている。

ここでは、まず、柳田の家観、社会観を手がかりとして、「家」と先祖がどのように論じられてきたかを見ていこう。

数多の民俗学的事実から先祖崇拝と「家」の永続の結びつきを描き出した柳田の枠組は、その後の社会学的な「家」研究にも大きな影響を持っていった[11]。「家」の永続の根拠に柳田がおくのは、誰も祀ってくれる人がいない恐怖、すなわち「無縁の恐怖」である。無縁仏、血食[12]を絶たれた者、供養が十分ではない者は家々の幸福を攪乱するという考えは、「施餓鬼」、「みたまの飯」[13]への社会事業や鄭重な法要を生み出した。人々は無縁を避けるように家の平和を祈った。そして霊魂を祀る人々を確保することが、柳田にとっての婚姻の意義であった。「若くしてひとり死ぬ人たちの悲しさ」(同、二五〇頁)はここに起因する。祖先と自分たちのあの世の幸福をいっそう深めるという空想が、「家」を富ませたいという念願や立派な葬式、盛大な仏事とつながっていた。そして祀ってくれる子孫がいないま

11　有賀は、『一つの日本文化論——柳田國男に関連して』のあとがきで、「私の研究など柳田の落穂拾いでしかないようでもあるが、落穂拾いであろうと、ミレーの「落ち穂拾い」の絵を想うと、そこには青い空が地平線まで大きく拡がっているのが見える」と記している(有賀一九七六、二〇七頁)。

12　血食とは、子孫が続いて先祖の供養を絶やさないこと。

13　施餓鬼とは、無縁仏のための供養。盂蘭盆(うらぼん)に行われるのが一般的であったとされる。みたまの飯(御霊の飯)とは、先祖への供物で、文字通り握った飯や餅を供えた。

ま亡くなった人を「家」や村が供養するという様々な慣行も無縁の恐怖に裏打ちされていた。

誰が先祖か

「家」の永続は先祖祭祀によって可能になる。では、先祖として祀られるのは誰か。この答えは必ずしも一様でなかった。その議論の基点となっているのも、柳田の先祖論である。

柳田は、『先祖の話』を、二種類の先祖を紹介することからはじめる。

先祖という言葉は、日本では人によってややちがった意味に用いられ、また理解せられている。だいたいにこれを二つに分けて、一方はまず文字によってこの語を知ったものである。こういう人たちは、通例家の最初の人ただ一人が先祖だと思い、そうでなくとも大へん古い頃に、活《い》きて働いていた人のことだと考えている。文字の面からいうと、少しでも無理はない解釈であり、また時々の話に出て来るのも、そういう名の判《わか》っている人の事が多いのだから、自然に系図などの筆始めに掲げられてある人

をさして、先祖は誰それだという者が多くなっているのである。（柳田一九四六→一九九〇、一四頁）

一方の先祖は、「文字によってこの語を知ったもの」で「家の最初の人ただ一人」である。そして、もう一方の先祖は、次にみるように、「祭るべきもの、そうして自分たちの家で祭るのでなければ、どこでも他では祭る者のない霊」である。

しかし他の一方に、耳で小さい時からこの言葉を聴いて、古い人たちの心持を汲《く》み取っている者は、後に文字を識《し》りその用法を学ぶようになっても、決してそういう風には先祖という語を解してはいない。いちばん大きなちがいは、こちらの人たちは先祖は祭るべきもの、そうして自分たちの家で祭るのでなければ、どこも他では祭る者のない人の霊、すなわち先祖は必ずおのおのの家々に伴なうものと思っていることで、それを明白に言い切った人こそ少ないが、その心持はいつでもこの語を使うときに現れている。それを私はもう大分久しく、気をつけて聴いていたのである。（同、一四頁）

柳田は、ある「旧家の主人」が、自分の「家」を桓武天皇から数えて六十何代と答えたことを例にあげ、「文字の教育が進むとともに、第一の意味が強く浸み込んで行く」としながらも、

この方は実は新しくまた単純である。（中略）それゆえに私は主として国民の多数の者の考え方、いつの世からともなく昔からそうきめ込んでいて、しかもはっきりとそれを表示せず、従って世の中が変わって行くとともに、知らず知らずのうちに誤ってしまうかも知れない古い無学者の解釈の方に、力を入れて説いてみようとするのである。
（同、一五頁）

と、後者の先祖に注目する自らの立ち位置を示す。

誰を祀るか、先祖とは誰かというテーマは、「家」を考える際に中心にあり続けた。現在からみると、先祖といえば追慕の対象となる近い先祖を想像することが多いかもしれない。対して「家」の研究では「遠い」先祖（遠祖）、ラインの先祖が論点となってきた。先祖（たち）は、同族や生活の実態ともかかわる一方で、柳田が指摘したように、上層に

おいては、系図の最初に皇祖皇宗、源平藤橘のような象徴的、権威づけの始祖をおく場合もあったとされている。実際、現在でも、家系図があるという人に、誰から家系図が始まっているかと尋ねると、桓武天皇か清和天皇から始まって、平氏、源氏と続いているという答えに出合うことも珍しくない。天皇から系図をスタートすることは、家系図を作成する際の一つのフォーマットになっている。単なる形式といってしまえばそれまでだが、改めて考えると不思議な形式である。

これらの違いや変容は、一つには、階層差、身分差によるものでもあり、他方で、明治期以降の政治経済的影響によって広まったという見方もある。個々の「家」の先祖と国祖（天祖）は、そのままでは独立の事象である。これらを統合するイデオロギーがどのように結合をはかったのか、社会学的にこの接合をどう解釈するかについては後述する。

誰を先祖として祀るかという先祖観の一方で、新しい先祖観として柳田が紹介しているのは、自らが先祖になるという意識である。「ご先祖になる」とは、生家では、「家」の継承者にはなれない次三男に対して、一家を創設することを激励するために用いられた表現だという。

神島二郎は、この論を展開して「御先祖様になる」というエートスを近代日本の立志出世意識と結びつけて論じている（神島一九六一）。代々の先祖に自身が連なるのではなく、新しく「家」を創設するというアンビションを抱くことが可能になるのは、移動の機会が広がること、小さい「家」の独立が可能になる近代社会に顕著なことであるといえる。「家」創設の可能性は、近世社会においても存在したが、村落という枠を超えてその可能性が広がるのは、やはり近代国家成立以降である。

柳田の「家」は、この点においては、文化や常態としてではなく、存続と分裂の過程にあるものとしてまなざされている。

系譜意識の二重性

先祖に連なるという意識は、系譜観念、系譜意識としても議論されてきた。前章で論じてきたように、日本の「家」の場合は、系譜意識は父系単系をたどる観念であるが、必ずしも血統によらないところが特徴的である。系譜意識から見ると、したがって、先祖も必ずしも血統を辿るとは限らない。むしろ、養子や婚姻によって、生家とは別の系譜に属することや、複数の系譜意識を持つことが明らかにされてきた。

日本の「家」研究においては、系譜意識が血統と重なりながらも、絶対的な血統主義ではないことが、繰り返し強調されてきた。

竹田は、『祖先崇拝』において系譜意識を以下のようにまとめる。

（このように）家は家族生活とは独立に世代を超えて存続して行くのであるが、その存続は世代を遂う直系相続によるのが原則である。しかし之は直ちに血統・血縁と同じではない。もとより血統の尊重は、我国においても古来極めて強かったから、事実上は直系血統相続の形をとることが多いが、血統の断絶はそのまま家の断絶を意味しない。夫婦養子の風習をみても明らかなように、血縁が断欠すれば非血縁者の養取によって家の相続は行われる。血縁は非血縁に優先はするが、決して家存続の絶対条件ではなく、家は血縁を超えてそれ自身存続し得るのである。これは家を荷う家族の中に非血縁者も含まれることを意味するものである。このように血縁の有無を超えて累世直系的に相続されるのが家とすれば、その本質は即ち系譜関係であるとしなければならない。系図として具象化されるか否かはともかく、原理的にいって家は系譜的直系相続の関係に外ならない。（竹田聴洲一九五七、一六頁）

竹田はこのように「家」の本質として系譜意識をおく。系譜関係を中核として「家」を捉える点については、強調の度合いの違いこそあれ、ここまで取り上げてきた論者に共通している。

父系的系譜意識は原理的には単線的に認識されるものである。しかし非親族の人が、奉公や養子などで生家とは別の「家」に属する場合には、個々の「家」の創始者以後の代々の人々と、それとは必ずしも一致しない本家の先祖を祀るというように二つの先祖を祀る場合もあった。また先述したように、上層にあっては、創始者としてたどりうる先祖の他に、権威付けの先祖をおくこともあった。

系図を作成する際、自身の系譜として伝えられている先祖の先に、権威付けの先祖として始祖に源平藤橘や皇祖皇宗を加えることは近世農民においても見られたという（大藤一九九六）。

系譜意識は、このような操作性の上に成り立っていた。系譜関係の操作性、可塑性も「家」の一つの特徴である。このような性格が、「家」の永続、あるいは「家」が続いているという了解を可能にしたといえる。系譜意識は、複合的な関係の統合原理としても、小さな

「家」の独立意識としても、その中核にあり、超世代的連続性と、共時的に存在する家々の結合を繋ぐ観念であった。先祖の祭祀を執り行う関係が、「家」への帰属や独立を表していると考えられていた。

有賀喜左衛門は、柳田の「二つの先祖」をふまえながら、系譜の二重性について、鴻池家の事例から論じている。丁稚として十二、三歳で奉公に入った使用人で、本家と異なる宗派や菩提寺を持つ「家」から来ても、別家として認められると、多くは本家と同じ菩提寺に属したという。別家は一つの「家」であるが、経営面では本家支配のもとにあった（有賀一九五九→一九六九、三三二頁）。別家の子孫は、別家をそのまま継承することはできなかったのである。本家の先祖を祀ることは、そうした現実と連動していた。

岩手県石神の斉藤家では、鴻池と異なって、名子は分家に際して「役地（小作料を納めない自用地）」のほかに「分作地（小作地）」を請け、自家経営を行っていた。大屋（マキの先祖）と自家の先祖を「より明白に二重にもっていた」とする。名子分家の場合も、その「家」の相続は子孫が直接相続することはなく（同、三三六頁）、本家と同じ「家」に祀られたという。

長野県諏訪市南真志野では、分家が、本家を系譜の本源と認知していても、分家の先祖祭と本家のそれとを別々に行っていたという（同、三四一頁）。

出自の先祖と「家」の先祖を二重にもったということ、その系譜の先に、時に権威づけの先祖、神話的先祖を持つ家もあったということから、民俗慣行としての先祖祭祀と家族国家主義との親和性を指摘する立場もある。たとえば大藤修は、皇祖皇宗から始めるという系図のあり方が、明治以降の国体論の受容につながったのではないかと指摘する。この点については、本章の後半でさらに議論する。

移動と変容——ご先祖様になる

柳田の『明治大正史世相篇』に描かれる「家」の重要なモチーフは、人々の移動にともなう、その変容である。柳田にとっての「家」は産土（うぶすな）の思想（生まれた土地の守護神）と結びついており、生まれ育った土地で先祖を祀り、子孫に祀られることを基本としている。「家」を分けることを避ける発想は、ここにある。しかし、都市への人々の移動やその機会の拡大は、分家、小農の増加を促し、「盛衰の等差」の増大を招くこととなった。

墓と葬地が寺へ帰属することは、旅の空でも霊魂は託しうるという発想をうながしたと柳田はいう。招魂社の設立は、人の霊を国全体の神として拝み崇める新国家主義を生み出し、移動の増大も伴いながら、産土思想は変容していく。墓として石碑をたてるということも、墓を自然の忘却から永久の記念碑へと変容させ、墓地をめぐる土地の権利の高騰や格差の増加をもたらしたと、すでに柳田はみていた。

移動の増大や俸給生活者の登場が先祖観を変容させるという考え方をする一方で、柳田は、こうした社会変化の下でも、「祖霊に対する愛慕は衰えなかった」としている。そして、この祖霊に対する信仰が、無理な忍耐をして家の名を興すという立志伝にもつながったとする。移動に伴う職業の分解は、新たなる「家」の先祖になる希望を一方ではぐくみ、他方では、家の団結・協同の分解を引き起こす。

柳田は、こうした近代化に伴う社会変動を受け止めながらも、移動と職業選択と「家」の分解、婚姻方法の自由のなかに、「まだ何ものかの条件の必要なるものが、欠けているのではないかということも考えてみなければならぬ」（同、二七三頁）と危惧を呈する。

このように確かに、一方で失われゆくものを憂いているのだが、同時に個人化、近代化に伴って「家」が分解していく様を現実として受けとめている。このことは、柳田のドミシード（家殺し）の概念にもよく現れている。「此の移住の多数は或意味に於ては家道の零落なり、祭祀の絶滅なり」「今日では永住の地を大都会に移すのは十中八九までドミシード即ち家殺しの結果に陥るのであります」と述べている（柳田一九一〇→一九九一）。

「家」の分解についての、柳田の視線は両義的である。「家」の永続のために次三男がおかれてきた境遇に触れ、「家」を分けることができないがために周辺的な人生を送らざるをえなかった人間に、「御先祖さまになる」という希望をもたらす社会を一方で肯定している。ここでは、「家」と近代化、個人主義の興隆の間に横たわる問題に対する柳田の基本的なスタンスが現れている。

さらに言えば、その後、家族論のなかで何度も繰り返される「家」の永続か家族の情愛かという「家」と近代家族をめぐる問題をすでに捉えていたともいえる。

先ほどからすでに紹介している「御先祖様になる」という表現であるが、柳田自身の文章をここで確認しておこう。

先祖という言葉の民間の意味が、新しい学問をした人の考えているものとは、その間に大分の開きがあるということを前に説いたが、その似つかわしい実例として、「御先祖になる」という物の言い方がある。文句が新しく印象が強いためか、私などの小さい頃にはよく用いられ、学者と言ってもよい人の口からも聴いたことがある。たとえばここに体格のしっかりとした、眼の光がさわやかで物わかりのよい少年があって、それが跡取息子でなかったという場合には、必ず周囲の者が激励して、今ならば早く立派な人になれとでもいう代りに、精出して学問をして御先祖になりなさいと、少しも不吉な感じはなしに、言って聴かせたものであった。親たちが年を取って末の子の前途を案じているような場合にもいやこの児《こ》は見どころがある。きっと御先祖様になる児だなどといって、慰めかつ力附ける者が多かった。その意味は、やがて一家を創立しまた永続させて、私の家の柳田与兵衛などのように、新たに初代となるだけの力量を備えているということを受け合った言葉である。人に冷飯食いなどとひやかされた次男坊三男坊たちは、これを聴いてどれくらい前途の望みを広くしたかわからない。実際また明治年間の新華族というものの、半分はそういう人たちであった。（柳田一九四六→一九九〇、一九―二〇頁）

そして、次三男の境遇への柳田のまなざしは、相続や分家、隠居についても共通して貫かれている。たとえば、相続について、以下のように、長子相続法と分割相続法の「二つの主義が相闘いまた妥協し続けていた」側面に目を注いでいた。

日本の家族制度では、過去三百年以上の久しきにわたって、ちょうどこの陸川老の腹の中のように、家の根幹を太く逞《たく》ましくしようとする長子相続法と、どの子も幸福にしてやりたいという分割相続法と、二つの主義が相闘いまた妥協し続けていた。

（中略）

家を強くするということは、総領の権力を大きくしておくことであった。もっと詳しく言えば次男以下の者に、長兄とは比べものにならぬような悪い生活を辛抱させることであった。（同、二二一頁）

分家をどのように捉えるか、何をもって分家と呼ぶかは、繰り返し述べてきたように、「家」や同族を考える鍵となってきた。ここでこの点についての柳田の考えを確認しておこう。

……そうでなくとも標準語で、分家というものをすべて隠居と呼び、年寄がそこにいるといないとを問わぬような例はいたって多い。つまりはもと隠居以外には、村内では家を二つにすることを許さなかった名残なのである。分家をヘヤまたはヒヤといっている地方も非常に弘《ひろ》いが、これも原因は隠居と近い。(同、二三―二四頁)

続いて次節「七　今と昔のちがい」において、柳田は次のように続ける。

部屋と隠居は本来は分家とはいえないものであった。雨や休みの日は昼間でもそこに寝起きをし、食事も簡単なものはめいめいの炉の火で調《ととの》えて食べたにしても、祝い節《せっ》供《く》等の改まった日はもちろん、田植、蒔物《まきもの》、刈《かり》入《い》れ、取入れから、味噌や漬物の仕込みまで、少し大きな作業のある際には、もとは総員が主屋に集まって来て、そこの人間としてともどもに働き、そこの広々とした座敷で共同の食事をした。餅《もち》搗《つ》き・ふかし物には主屋の庭の大きな竈《かまど》が使われ、その他多人数が一緒に活動する諸設備がすべて皆本家だけにしかなかった。つまり建物は離れ離れになっていても、これは花びらのように中心を持った集合体で、個々独立した生活の単位ではなく、あるいはこれがわが邦《くに》の大家族制の、特殊の形態だったと言えるのかも知れない。ところが世の中が改まると、外からもまた内からも、これをそれぞれに別個のものと認め、どんなに小さくとも家は家だというような考え方が強くなって、好《よ》い事もあったがまた心細い点も多くなって来た。（同、二五頁）

柳田は、ここで、部屋と隠居は本来分家とはいえないものと見ている。単に寝起きを別にするだけでは、分家とは呼ばず、作業の共同をともにする単位、建物は離れ離れになっていても「花びらのように中心を持った集合体」を「家」ととらえていた。ただし、「世の中が改まると」、それぞれを別個の「家」と認める考え方が強くなったことも指摘している。

「わが邦の大家族制の、特殊の形態」とは、世帯をわけて別居していても独立の「家」ではなく一つの集合体であるという考え方である。この考え方と、どんなに小さくても「家」であるという考え方が併存している。集合体の全体を「家」と見る考え方と、世帯それぞれを「家」と見る考え方の併存である。両者をどうとらえるのかは、大家族と「家」連合（＝同族）の間にあった論点でもある。近代における、拡大し統合しようとする「家」と独立していこうとする小さな「家」との緊張関係は柳田においてすでにテーマ化されていた。

家の成立には、かつては土地が唯一の基礎であった時代がある。田地が家督であり家存続の要件であって、その開発なり相伝なりから家の世代を算《かぞ》え始め、必ずしも血筋の源を究めなかったということは、古くは例外もなく今とてもなお両者を不可分と感ずる者は農民の中には多い。先祖が後裔を愛護する念慮は、もとはその全力が一定の土地の中に、打ち込まれていたと言ってもよかった。考えてみなければならぬことは、数ある農作物の中でも、稲はただ一つの卓越した重要性、すなわち君と神との供《く》御《ご》に必ずこれを奉るという精神上の意義をもっていた一方に、その生産には人力以上のもの、水と日の光の恵みに頼るべき部面が大きかった。田地を家の生存のために遺した人の霊は、さらにその年々の効果について、誰よりも大きな関心をもち、大きな支援を与えようとするものと、解していた人が多かったのも自然の摂理だった。(同、七七頁)

「家」と先祖、土地の結合が、柳田が抱いていた先祖観の基本型であるが、社会が、絶えずそこから零れ落ちる人々を生み出してきたのもまた社会的事実であった。それらの人々をも包摂するのが先祖祭祀であり、柳田の無縁の恐怖の考え方であった。『先祖の話』の「祭られざる霊」において、柳田は無縁仏について以下のように述べる。

ところが過去の歴史を振り返ってみると、今とはちがってわずかな戦乱があっても人が四散し、食物の欠乏が少し続けば、道途の上に斃《たお》れ死ぬ者が多かった。家の覆没して跡を留めぬものも、算えるに遑《いとま》なき実状であったのである。先祖は必ず子孫の者が祭るということを知り切っていた人々は、このいわゆる不祀の霊の増加に対して、大きな怖れを感ぜざるを得なかった。国家及び領主たちが、家の永続ということに力を入れたのも、一つにはこの活きている者の不安を済《すく》うためであったが、実態は思ったほど目的が達し得られなくて、かえって仏教を頼んで亡霊を遠い十万億土へ送り付けてしまうことを、唯一の策とするようにもなったのである。しかもその方法もそう容易なものと考えられなかったために、古来の我々の先祖祭は、大変に煩わしいものとなり、毎年この季節が来るとさまざまの外精霊、無縁ぼとけ等のために、別に外棚《ほかだな》、門棚《かどだな》、水棚などという棚を設け、または先祖棚の片脇に余分の座をこしらえて、供物

を分ち与えることを条件としなければならぬようになった。（同、一二六―一二七頁）

無縁を避けるために、他では祀ることのできない人を祀る様々な慣行が、共同体には存在した。柳田は、冒頭に述べたように「こちらの人たちは（耳で小さい時からこの言葉を聴いて、古い人たちの心持を汲み取っている者：引用者注）先祖は祭るべきもの、そうして自分たちの家で祭るのでなければ、どこも他では祭る者のない人の霊、すなわち先祖は必ずおのおの家々に伴なうものと思っている」（同、一四頁）という意識を掬い上げて先祖観を明らかにした。それは「家と村」における共同性が、様々な人々を包摂して成り立っていたことと一体であった。

こうした慣行や意識と並行して、明治期以降の社会は新しい「家」意識も生み出した。包摂する「家」と独立する「家」という二つの「家」意識の併存、緊張を柳田は捉えていた。この点について、近代化と「家」の二重性の議論を展開している神島二郎を次に紹介する。

神島二郎（神島一九六一）は、近代日本の精神構造が形成される過程に作用した前近代的なものが、じつは日本の近代化への跳躍台に転化されるという問題意識から、その過程を考察するにあたり、「家」の問題、「村」の問題、「都」の問題、「身分」の問題という四つの系列をあげている。近代社会は、個人単位の時代であるが、主体意識の源泉はより「家」におかれていた。「家」それ自体が一個の社会であり、そこには、私的なものと公的なものとの融合がみられる。社会的なものの「家」への流入と家族的なものの社会的原理への拡大が併存している。そして「家」の変化を〈一系型家族〉と〈末広型家族〉という二つの概念を用いて説明を試みている。〈一系型家族〉とは、それぞれの「家」が本家分家という関係によって統合され、独立した系統をなしている型で、〈末広型家族〉とは、個々の家族が、天皇を中心に一つの「家」に統合される型である。

〈一系型家族〉とその倫理の解体が「家」的な国民統合の前提となり、「家」相互の並行関係の弛緩が、家族国家論、民俗同祖論の登場を招いた。そこでは、個人の安定感を「家」にかわって国家が保障する。神島は、日本の近代意識、特に個人意識と国家との関連を「家」を核として考えた。神島によれば個我の意識について、individual, individuality が「分タレヌ事」「自律」と一八八六年当時訳されたことを引きながら、この概念が当初、「身」の観念としての individual であったと指摘する。

一九世紀後半の独立主体の自我領域が個人（小家族）ではなく「家」（観念的大家族）で

あったとし、小家族意識（近代家族観念）は不在であったとみている。神島は、このように近代日本の家族変容を「家」の変容から捉えているが、その基盤には、柳田の「御先祖になる」という指摘がある。

柳田を紹介した後では繰り返しになってしまうが、神島の文脈でまとめると、「家」存立の中核は先祖の祭祀であり、「御先祖」とは「家」の初代、創立者である。血統上たどれるかどうかとは別の事象である。「御先祖様になりなさい」というのが、次三男への慰めの言葉であるというのも柳田が指摘したことと同じである。この新たな「家」意識、すなわち「御先祖様になる」というアンビションが、立身出世意識を形成しヴェーバーにおけるプロテスタンティズムの禁欲的職業倫理にあたると分析し、〈一系型家族〉から〈末広型家族〉への変容（一系型の変容と末広型の形成）を見ている。

近代日本の「家」の変容過程は、〈一系型家族〉の「家」の自衛と、二三男の「家」創設の運動の拮抗、併存過程であり、「家」の創設と自衛との発展的帰結としての〈末広型家族〉が存在した。近代化の第一段階には、「家」護持者の危機感と二三男の不満があり、第二段階には、「家督」創出の意欲および「家」の永続と創立への念願と不安が存在した。

神島の図式で興味深いのは、「家」を超える精神が「家」に深く根をおろしており、「家」

の創造が「家」を超える精神によっておこされるという指摘である。「家」から個人主義へという一方向的な変化ではなく、個人主義が新しい「家」を創造するという逆説を捉え、明治の立身出世を、浮動化による事実上の個人を媒介にした「家」の創造と見ている。先祖意識が、「家」を統合する方向だけではなく、「家」を分解して新しい「家」を創造する方向にも作用するという両義性を指摘している点に、この時期の「家」を捉える神島の特徴がある。

柳田がすでに指摘していたように、先祖祭祀の形は時代の変化のなかでつねに変容してきたといえる。近代以降に限っても、都市への移動の増大、小さな家々の創設、農村の疲弊、都市労働者の増加といった近代化に伴う諸現象が、郷土と結びついた先祖祭祀の形に変化を及ぼしていた。そんななか、たとえば、合葬墓の先駆的形態として孝本貢が取り上げた一村一基の共同墓や、戦後では「女の碑の会」による志縁廟の建立など、新しい共同墓が登場する。新宗教運動における双系的先祖や遠い先祖から近親追慕へと先祖意識が変化していくことも近現代の変化の特徴としてあげることができるだろう。

ここには脱家的あるいは非家的先祖の形態をみることができる。先祖祭祀は柳田や竹田にあっては「家」と不可分に語られてきた。確かに、先祖祭祀それ自体の変容も緩やかではあるが、森岡や孝本は先にみたような現象から、「家」が衰頽しても先祖祭祀は持続すると見ている（森岡一九八四）（孝本二〇〇一）。

家族国家主義と先祖祭祀

次に、天皇制家族国家主義と先祖祭祀との関係を見てみこう。日本近代における先祖祭祀は、移動と変容の過程にあったことに加えて、家族国家主義のイデオロギーに用いられてきた。

明治期以降の民法の祭祀条項の変遷を追うなかで、明治期の民法典論争について竹田聴洲は以下のように論じる。家督相続に伴う特権財産は旧民法の草案にあった十一種から公布の旧民法では五種に整理された。なお旧民法とは、一八九〇年（明治二三年）に公布されたが、論争によって施行にいたらなかった民法をさしている。

そして施行の明治民法ではこの五種目のうち世襲財産と商号および商標は、新しい現状にそぐわないとして削除されたが、多少とも宗教性をもつ残余の三種目、すなわち系譜と祭具と墳墓は何れも削除されないでそのまま引きつがれた。この三つが旧民法の草案から公布法、さらに施行の明治民法まで終始一貫して規定の中に挙げられているのは明治民法起草者の西欧的な法思想の洗礼を受けた頭脳を以てしても、これら三つを必要かつ十分な指標とする先祖祭祀が、家の命脈を維持する絶対の要件を考えられたからであり、各地のさまざまな民間習俗から帰納して最も妥当な通規と考えられたからであろう。（竹田聴洲一九七六、一八六―一八七頁）

このように系譜、祭具および墳墓の三点が民法典論争のなかで引きつがれたことを指摘している。削除説については、さらに次のように論じる。

調査会委員（起草には当らない）の中には一部の少数意見としてその削除説も出されたが、それは法文化することへの反論であって、家が祖先祭祀を命脈とする事態そのものを否認したのではなかった。家督相続ないし家制度は明治民法の身分法域の根幹をなすものであったから「祭具・墳墓の相続を法文から削除する位なら、むしろ家督相続そのもの（の法文化）を削除すべし」とする起草委員（穂積陳重）の答弁は、これら相続特権の法文化を正当づけるという以上に、家と祖先祭祀との不可分の関係、いいかえれば家が祖先祭祀を介して一定の宗教性を内在させることを、期せずして最も端的に表明したものであったし、またそれが調査会委員の大多数の委員であった。（同、一八六―一八七頁）

家督相続と先祖祭祀が不可分のものとして捉えられていたことについての指摘である。竹田は、続いて、大正期の民法改正論議、戦後民法改正について、度重なる改正論議において先祖祭祀が残り続けた経緯を検討している。戦後民法改正においても、家制度は全廃しながらも祭祀財産は存置したという、その「妥協性」について詳細な考察を加えている。この妥協性は、「現実に対する妥協」であり、その現実とは、「家が依然として社会的・心理的に広範に存在し、かつそれが系譜・祭具・墳墓などを指標とする祖先祭祀という形の宗教性と内面で深く結びついて分かち難いという事実」（同、二〇四頁）である。

そして、起草委員はじめ立法関係者が「偶々現実的な妥協論者であったからではなく、祭祀承継の法文化を含むことなしには、法的な家の廃止も法律化され得なかったということである」（同、二〇五頁）と見ている。「戦後の民法改正は、明治民法の家の半面（法的な）は廃止し得たが、他の半面（宗教的な）を廃止することは、しなかったというよりできなかったのである」と論じる[14]。

竹田は、法律上にあらわれる「系譜」について、「家の系譜を系図などの如くはっきり物件の形で所有するのは、多くは宮廷貴族や大名以下旧武士、その外では、村落の上級有力百姓あたりまでで一般農民の家にはそうしたものは存在しないのが普通である」とし（同、二一七頁）「先祖の系譜がたどれるのは精々数代前までで、その以前は茫漠として忘却にゆだねられているのが普通」の一般庶民の系譜と比べて、「古代に遡る系譜を伝え、家祖三百年祭を営んだのは宇和島藩譜代の名門穂積家にして始めてなしえたこと」（同、二一七頁）として両者の隔たりを論じる。

竹田が民俗と対比して参照しているのは穂積八束、陳重兄弟の「系譜」であり、さらには、国民道徳論に見られる「家制国家の理念」である。穂積家の「系譜」によると、天より天下ったとされる半神話的存在である「饒速日命《にぎはやびのみこと》」が究極の先祖ということになる。このことと、「（地上の家族生活体が世代を遂って過去に遡れば行きつく）同血統の本源」という理解との関連が、問われることなく「問題の埒外」におかれていると批評する（同、二一三頁）。

国民道徳論については、川島武宜の『イデオロギーとしての家族制度』から修身教科書の次の文言を取り上げている（同、二一五頁）。

わが身は、父母よりいで、父母は、先祖よりいづ。神は、父母の先祖なれば、つねにうやまひたふとぶべし。国々所々の神祠は、天皇陛下の御先祖、又は、われらの先祖をまつりし所なれば、かりそめにも、おそろかにおもふべからず。天皇は、皇祖の御正統にましまして、神器をうけつたへさせ給ひ、臣民も、同一の天神より出でて、開闢のはじめより、皇祖皇宗と、臣民とのあひだは、宗家と支家との如く、父と子との如きものなり。故に、君主の義と、父子の親とは全く、一つにして、忠と孝と二途ならず。

このように表現される国民道徳が、民衆の慣行としての先祖祭祀とどのように重なるの

14　現行法は、以下の条文である。「一、系譜、祭具及び墳墓の所有権は、前条の規定にかかわらず、慣習に従って祖先の祭祀を主宰すべき者が承継する。ただし、被相続人の指定に従って祖先の祭祀を主宰すべき者があるときは、その者が承継する。二、前項本文の場合において慣習が明らかでないときは、同項の権利を承継すべき者は、家庭裁判所が定める。」（民法八九七条）

か。国民道徳の論者たちは、「皇祖皇宗」と「臣民」が「宗家と支家」、「父と子」のようだと論じたが、そのことが民衆にストレートに受け取られると考えていたのだろうか。

国民の各家の先祖は家毎の独自の存在で、神話に登場する霊格や古代氏族の氏祖とは何の関係もないのは自明のことであるにもかかわらず、天皇制家族国家の理念は、古代氏族が多く天皇家の系譜から分出したものとして神話の中に説かれている神話的事実と、他方で氏（氏族）の崩壊の中から家が現れたとする見解とを結びつけ、現実の国民の家をすべてその比論で捉えようとするものである。（同、二一五頁）

竹田は、民法における先祖祭祀と、これを家制国家と結びつけることとは「論理的必然ではなくして、取りつけられた理念的解釈にみえる」がそうではなく、実際は民法の成立以前に立案者の頭の中にはそうした解釈がすでに先にあったと見ている。この解釈は穂積八束・陳重兄弟を念頭においていると思われる。

特に穂積八束は民法典論争の延期派のアイコン的存在であり、紹介されている先祖祭の様子や系譜も当時の国体論者のなかでの一つの典型ともいえる。もちろん、穂積八束のみを検討対象として単純化して説明することには慎重であるべきだろう。

ここでは、竹田、森岡の解釈に沿って論を展開するため、国体論者のテキストを解釈することは別稿に譲りたい。

さて、竹田は、墓地の石碑についても明治以降に建立されたものが極めて多く、同族団の規制が強い土地では、本家の石碑や祭具がそのまま同族団全体のものであるところも多かったとして、民法との差異を次のように述べる。


そうした事情は明治民法の立案に当っては夢想もされなかったことであろう。民法は本家・分家の存在は認めているが、それらを個々独立の家として捉え、一つの結合体として捉えることは全くしなかった。しかし現実の生活では、祭具も墳墓も共有とするほどにその結合が大きな意味をもつ場合があった。そうした事態を無視して、凡そ系譜とは何か、祭具の概念は如何、墳墓とはどのようなものまでをいうか、というようなそれぞれの法的概念をどれほど厳密に規定してみても、現実態との遊離は如何ともし難い。明治民法は系譜やそれらの祭祀財産を戸籍上の一単位である一つの家が完結的に所有するという前提に立っている。そうした前提があてはまるのは、全般的に

いって血統の連続と家系・由緒の古さを誇る階層であるが、それは当然華士族層に一層多い。（同、二一八頁）

明治民法の祭祀規定と庶民慣行との間に、竹田は遊離をみている。しかし「国家の制定法が家督相続の特権として系譜・祭具・墳墓を挙げたことは、これらを具備することへ民衆を駆致する役割を多少とも果たした」とも考えている。「家格の上下、富の大小を問わず、「……家之墓」「……家累代之墓」「……家先祖之墓」といった石碑が、明治大正期から都鄙の墓地に多数出現してくることは、あるいはこの結果か」（同、二一八―二一九頁）と推測する。

民法が示す先祖祭祀が民間の先祖祭祀と遊離していた点を数々指摘すると同時に、民法は、現実の民俗を基盤にして総括、吸収して成り立っていたとする。それは、「家が世代毎の家族成員の死亡・出生・婚姻などによる変動はあっても、世代を超えて自己同一性を保持しつつ存続してゆくという家制度、またこれが先祖の祭と密接に結びついている事態」についてであって、この点は、程度の差こそあれ、明治民法の以前以後にわたって、広く存在したと考えている（同、二一九―二二〇頁）。

イデオロギー的先祖の解釈

竹田は、（広義の意味での）制度としての「家」を共通基盤としながらも、民法上、および国体論に現れる先祖祭祀と民俗慣行との遊離を問題にした。森岡清美は、この点をさらに展開して、では、国体論が個々の「家」の先祖観と天皇制をどのように接合しようとしたのかについていくつかのテキストから検証している。

まずは、森岡による先祖の分類から紹介する。森岡は、桜井徳太郎による先祖観の分類をふまえつつ、以下のように先祖を分類する（森岡一九八四、一〇八頁）。

桜井徳太郎の分類は、以下の三段階である。

直接経験的具象的祖先観（直接経験的領域を通して具象的に祖先を観念する場合）

間接経験的観念的祖先観（間接経験的に祖先観が形成される領域）

イデオロギー的抽象的祖先観（経験の領域をこえ実際の血縁的系譜を超越し、イデオロギーとして、形成されてきた観念）（桜井一九七四）

桜井は、第一、第二が祖先観の基層部、その上に第三の伝承的領域とイデオロギー的領域とが堆積していると位置付けている。森岡は、この第三の祖先観をさらに以下のように再分する。

「伝承的」もしくは「擬制的祖先観」（近世以前の豪族名家の系図に現れる祖先観）
「抽象的なイデオロギー的祖先観」（近代の家族国家観の基礎とされた祖先観）
（森岡一九八四、一〇八頁）

前者は、有賀が指摘したような「出自の先祖」であり、「当該名族が自家の出自を遡らせて中央名族の——一般的にいえば源平藤橘の——系譜に結びつけるところに成立する、いわば下から積み上げた祖先」である。後者は「国家権力の側で上から下へとおろしてきた祖先観」として、両者を区別する必要性を指摘する。さらに、以下のように続け、「こうした意味」でのイデオロギー的祖先観に注目している。

こうした天降り的祖先観、イデオロギー的祖先観が可能であるひとつの条件は、積み上げる伝承的擬制的祖先観という地盤であった。したがってここにも重層構造は成立している（森岡一九八四、一〇八頁）

イデオロギー的祖先観として、まず森岡は、穂積八束の「祖先教」を取りあげる。祖先教とは、「穂積が好んで用いた語」であるが、これを「わが国近代の国家権力が民衆に示し、民衆に受容と実践を迫った、祖先を介して家と国を結びつける信念体系」と規定する（同、一〇九頁）。さらに、「信念体系である以上は当然思想であるが、その信念体系が行為の正邪・善悪を選別する規範的基準と一枚のものであったからには道徳であり、またごく僅かであれ超人間的と考えらえるものとの接触を含む点では宗教であった。こういう三つの側面を祖先教はもっていた」と考えている（同、一〇八—一〇九頁）。穂積八束における家族主義と国家主義との接合は、「『我国ハ祖先教ノ国ナリ』と断定したのと同様に断定的であり、とくに祖先と国との関係については論理的な説得力を欠くものといわなければならない」（同、一一五頁）と、その情動的な性質を指摘している。この点は、竹田の評価とも一致する。

次に森岡が取り上げるのは、国民道徳論のイデオローグ、井上哲次郎、亘理章三郎、深作安文らのテキスト、さらには穂積陳重である。井上による個別的家族制度（戸別的家族制度）と綜合的家族制度（国家的家族制度）の区別、亘理の家族的祖先と国民的祖先の区分、深作の公祖と私祖の区分を比較検討し、いずれにおいても見るべき点はあるものの、祖先と国との関係を論理的に説明することには無理があるとみている。

森岡が論理の上での説得性を認めているのは、穂積陳重である。具体的には、穂積が、祖先祭祀を①皇室の始祖に対する全国民の祭祀、②土地の守護神に対する地方人民の祭祀（氏族の祖先祭祀）、③各家族のその家の祖先に対する祭祀にわけた上で、①について加えている説明である。

皇室にとっての祖先祭祀がなぜ国民にとっての祖先祭祀であるのか、穂積は、君主の祖先である、われわれの祖先の君主である、皇室の先祖を全国民の祖先とすることの三点を指摘する。ではなぜ皇室の先祖を全国民の祖先とするのか。日本国民が一大家族を形成しており、皇室はその宗室である、姓氏は国民的大家族〝大宅〟の細分子であり、天皇はこの〝大宅〟であるから、その先祖は日本全国民の祖先であるというのがその理由である。

穂積にとって祖先祭祀は霊魂恐怖や霊魂鎮慰ではなく、幽霊愛慕、父母に対する敬愛といった自然的感情に基づくものであり、祖先祭祀は迷信的慣習などではなく、道徳的慣習である、と森岡はまとめる。

森岡は、祖先祭祀の道徳化の背景として、「貨幣経済の発達、土地の重要性喪失、世襲的職業の解体、移転の自由」をあげ（同、一三〇頁）、家族制度をモデルとした思想と社会組織の再編をはかろうとしたと解釈している。丁寧に国民道徳論のテキストを読んで、評価も加えた上で、しかし、森岡は、「祖先祭祀を復興させ、思想的宗教的に「家」を強化しえたかどうかきわめて疑問」とまとめる（同、一二九―一三〇頁）。国のための戦死が個々の「家」の先祖祭祀を壊滅させる危険があることを、「家族的祖先敬慕と国民的祖先敬慕の間」の「鋭い矛盾」と断じる。

竹田、森岡によるイデオロギー的祖先の解釈を概観したが、両者に共通していることは、民俗慣行としての先祖祭祀に「上からの」イデオロギーと呼応する部分があることを認めつつ、しかしなお、家族国家主義とは相いれない、統合されえない先祖祭祀の側面を認めていることである。そして、その答えを、社会の現実に求めている点である。

柳田は、都市化に伴う移動の増大によって「家」と村における先祖祭祀が変容していくなかで、国家主義が移動民の受け皿になっていくことを指摘した。

しかし、移動の増大は、民衆のレベルにおいても新しい先祖祭祀を生み出した。たとえば、森岡は大正期の都市下層に支持者を集めた新興宗教に、非家的、双系的先祖祭祀の登場を見ている。夫婦が共働きでようやく生計を維持できるような生活者においては、守るべき家産や家業はない。しかしそうした層に多くの信者を獲得した新しい宗教においても、先祖祭祀は重視されている。特徴的であることは、「家」とは独立の信仰であること（非家的であること）に加え、どちらか一方の単系の先祖ではなく、両方の先祖を祀るという双系的祭祀である点である。

先祖を祀ることに救済を見る（先祖を祀らないと祟られる）という意味では、柳田が指摘した先祖祭祀の構図と共通している[15]。

「家」における祭祀だけでは、先祖祭祀が支えきれなくなる問題は大正期において既に出現していると孝本貢は指摘している。百霊廟は新潟県糸魚川押上地区に大正5年（一九一六年）に建立された一村一墓の合葬墓である。当時、村外移住が増大して、無縁墓が増加しつつあった状況への危惧から設立された。孝本は、村による合葬墓の先駆的存在と位置づけている（孝本二〇〇一、一五四—一七四頁）。

しかし、森岡も孝本も、先祖祭祀が存続していることと「家」の存続を同義には捉えていない。先祖祭祀が存続しているように見えても、その形は変容しているとする。たとえば、大正期より見られた双系的先祖観の拡がりである。

確かに今日、「墓参りをするかどうか」を尋ねれば、少なくない割合の人が手を挙げる。しかし、そこに「家」意識や無縁の恐怖を、直接に見いだすことはできない。もちろん、人々がどのような意味づけをしているにせよ、いないにせよ、墓参りという慣行が続いていることは、社会学的に意味のあることである。

しかし、だから「家」が存続しているとストレートに解釈すべきではない。

先祖祭祀の現在

「家」それ自体の宗教性の変容を問うことは容易ではない。見える人には見える、見えない人には見えない、ということになってしまいがちである。しかし、「家」の変容と先祖祭祀の変容を、重ねたりずらしたりして見ることで、人々が「家」の永続に託してきた

15 ただし、森岡も指摘していることであるが、新興宗教を国家主義とは全く独立の、民衆に根ざした宗教とのみ見るべきではない。

ものが何であったのかを垣間見ることはできるだろう。

先祖を祀らないと祟られるから、という理由だけでは、現代社会においては説得力に乏しい。「家」は死後の在処、死後の安寧を託す先であった。自らの生死を超えて存続するものに死後の安寧を委ねる、先祖を祀ることによって自らも祀られるという共同性の一つの形式である。

「家」が持った超越性、絶対性は、普遍宗教の神と比べると、操作的で可塑的、可変的なものである。しかし、だからこそ、個々の「家」の規範において、生活上の必要性にも応じながら、存続が守られようとしたのであるといえる。そしてその規範は、家業や家名、家産の重要性によって、異なった変容を辿っている。

「家」にかかわる諸要素のなかで、先祖祭祀にかかわる部分の変化の速度が遅いこと、「家」に代わる先祖祭祀の形態が現れていることからは、先祖祭祀、あるいはより広義には葬後儀礼が持つ現代的意味を改めて問う重要性を示唆しているといえるだろう。

「村」や「家」が、死後祭祀の受け皿となりえなくなっているという指摘は、すでに柳田の時代からあった。変化の速度は柳田が想像したより緩やかなものだったかもしれないが、すでに消失あるいは拡散の過程にあることは確かである。

墓の個人化や家族化と並行して、「村と家」に変わる墓の共同性も、今日様々なところで見ることができる。いわゆる戦争独身女性たちによる「女の碑の会」によって建立された京都嵯峨野の常寂光寺にある志縁廟もその代表的な一つである。

「家」の宗教性は、太い連続線の上にではなく、複数の線が消えたり繋がったり、離れたりするプロセスにおいて描くことができる。

◆六章◆

イデオロギーとしての「家」

生ける規範と国家規範

「家」が語られる時に、研究者の間においてさえ、どの時代、どのレベルの「家」について話されているのか統一されていないことが少なくない。もちろん「家」自体が、日常的にも学術的にも多義的に用いられていることが一つの理由である。それだけではなく、「家」が、前近代的、封建的象徴として語られてきたことが、もう一つの大きな理由にある。「家」は戦前のイデオロギーであり、戦後、乗り越えられなければならない、という視点が、近代化、民主化の議論においては支配的な考え方であった。「家」からの解放が民主化論を中心として戦後家族論の一つの共通した課題であった。

戦後民法改正期の民主化の議論も、その後、ジェンダーの視点に欠けているとして批判されることになる。しかし、ジェンダーの視点が欠落していることは、「家」についても同様で、「家」は乗り越えるべき前近代の家族制度とされたことには変わりない。

戦後民法改正時の民主化に関する議論からは、論者たちの情熱と勢いが伝わってくる。そこには、民主的社会の建設という理念に加え、復古主義者という対抗勢力の存在があった。分け入ってみると、そこには細かい見解の違いがあるのであるが、「家」の議論は、「家」の廃絶と「家」の存続を二極におく対立図式に回収されがちであった。「家」を語ることは、長い間、こうした強い磁場におかれることになった。

しかし現代から「家」を眺める読者には、なぜ「家」からの解放が目指されたのか、そのこと自体もなじみのないことかもしれない。この章では、まずは、戦後民法改正当時の熱い語りに、しばし耳を傾けて、その時の情熱をくみ取ってみたい。

本章では、明治期以降「家」がどのようなものとして学問上、また政治上の議論として捉えられてきたか、特にイデオロギーとして「家」を見る立場を中心にみていく。そのことを通して多少なりとも、「家」を語る際の混乱が整理されることを目指したいと思う。ただし、自分は社会学者であるので、社会学的な「家」研究が、そうしたイデオロギーとしての「家」の議論にどう重なるのかにも注目していきたい。

イデオロギーをどのように語るかということは、実は簡単ではない。ここでは、「家」に関するイデオロギーが、何によって語られてきたかという点に限って論じたい。イデオロギーとしての「家」は、どのように捉えられてきたのだろうか。

「家」イデオロギーは、おもに、戦前の法制度と国民道徳を中心に論じられてきた。

制度という概念も、多義的であるが、戦前の家族制度という時は、戦前の家族に関する法制度に代表されて語られることが多かった。もちろん、社会学でいう制度概念は、より広義の概念で用いられ、法制度に限定されるものではない。戦前の家族制度が、戸主権などの法制度によってのみ代表されることで、社会学的に取り上げられるべき「家」の像が見えにくかったことは残念なことでもある。本章では法からのまなざしと、社会からのまなざし、その両方を重ねて見ていきたい。また、実在の「家」とイデオロギーや法制度として語られる「家」との重層性にも目を向けて論じていく。

まず、戦前の「家」が、法規範と照らしてどのようにまなざされたかという点からはじめよう。

「家」にかかわる慣行や規範は明治期以前から存在した[16]。しかし、それらの慣行は身分や地域によって異なっていた。明治期以降、統一的な国家法の制定にあたって、為政者たちに求められたことは、どのように統一的な家族法を制定するかであった。庶民の家族慣行についての調査もなされたものの、法制定において準拠されたのは、士族層の「家」慣

16　本書は、近世から「家」を見いだすことができるという立場である。したがって「家」が近代の発明であるという考えではない。ただし、近世の「家」は近代以降の法制度に現れる「家」とは様々な意味で異なっていた。

行であった。当時の慣行調査は『全国民事慣例類集』(法務省一八八〇)にまとめられている。国家法の家族規範は庶民の習俗としての「家」とは異なっているという認識は、当初よりあったといえる。

戦前の「家」に対する一つの見方は、法制度上の「家」、習俗としての「家」の二重性である。ただし、法律上の「家」は前近代の士族層の慣行とも異なっているという指摘もあり、近代法における「家」を、単純にそれ以前の武士の「家」との連続性においてのみとらえることにも留意が必要である。

両者の関係、とくに齟齬や乖離については、法社会学においては生ける法と国家法(生ける規範と国家規範)という二分法で概念化されてきた。そして後者、国家法および政治にあらわれる「家」が、イデオロギーとして戦後批判の対象となる。代表的な研究は、タイトルそのままに、家族制度(=「家」)のイデオロギー制を批判した川島武宜による『イデオロギーとしての家族制度』であろう(川島一九五七)。

両者の乖離を見る研究では、単に違いを捉えるだけではなく、国家権力による習俗としての「家」への介入、結果としての変容が、もう一つの大きな関心の対象となる。たとえば、それぞれの村落共同体において生業や社会経済的、地理的環境と結びついて形成されていた相続慣行、婚姻慣行、家長権、入会権などが、国家法の優越性によって介入され、変容するという視点である。

この視点のもと、慣習法が国家法によって変容していく、あるいは、国家法の成立にもかかわらず、慣行が存続する様子が捉えられていくことになる。習俗としての「家」慣行と国家法の影響や、国家法との差異を問う研究は、法社会学のみならず、民俗学や社会学においても見られた。

たとえば、川島武宜は、志摩の寝宿慣行[17]の変容を、国家法の登場によって、慣習法が遅れたものと位置づけられることに見ている(川島一九四六→二〇〇〇)。柳田國男は、移動の増加に伴う村落共同体の変容と遠方婚の増加が、村の慣行の衰頽をもたらしたとする(柳田一九四八→一九九〇)。様々な地域の変容を、一つの説明図式だけで一般化することはできないだろう。寝宿慣行が地域差を伴いながら減少していったのは事実であるが、そのことも国家規範の一方的な浸透図式だけでは語り尽くせない。どれほど強制力をもって慣習世界に入っていったか、人々の利害関心とどう接点を持ったかによって、変容のスピー

17 寝宿とは、村落において青年期の若者組、娘組が共同で寝泊まりする家屋や部屋をいう。その家屋の主人を宿親と呼んだ。

ドも変わった。

たとえば、次に述べる末子相続[18]慣行の事例は、長男子相続が法制化されたなかで、何段階かの戸籍手続きを踏んで、従来の相続を存続した例である。竹田旦によると、たとえば瀬戸内海の岩子島では以下のような手続きがとられていたという。

・単純相続――現実には長男が分家したにもかかわらず、戸籍には長男による家督相続と偽って届け出る。典型的な「不実記載」のケース

・父分家――被相続人である父親の隠居と分家を組み合わせる方式。一、本家の戸主である父親の隠居、二、長男の家督相続、三、隠居した父親が妻と末子を同伴して同一番地への分家、四、分家戸主である父親の隠居、五、末子の分家家督相続の段階を踏む。

・廃嫡・戸籍編成前分家　（竹田旦一九七〇）

竹田は、明治民法の施行について「すくなくとも戸籍簿の記載を通じては、慣行の保持に対して少なからぬ問題を生ぜしめている」（同、一五二頁）と指摘しつつも、慣行の変化に最も作用しているのは移動の増加等の社会的、経済的要因であるとして、戸籍による直

接の影響は弱いとする。

菊地博も、諫早の調査で、長子相続のもとで末子相続を続行するための戸籍手続きを紹介している。役場の官吏もこのような手続きをとることを当然のこととして「申立通りの戸籍」を作り、「それが刑法上の公正証書原本の不実記載となろうがなるまいが問うところではなかった」と報告している。注目したいのは、以下の指摘である。

この例（不実記載をしている例）はかなり多く、それが相当な財産を持つ旧家といわれるような家程、多くこの方法をとっている。何らかの形で戸籍上の手続きを完成して置かないと悶着の恐れがあると考えたのであろうか。（菊地一九五三、一二四頁。かっこ内は引用者）

上層の農家の法意識や法制度への適応の姿勢がうかがえると同時に、そうであっても依然、自らに有効な形で相続を実施しようとしていることがわかる。

18　末子相続（まっしそうぞく、ばっしそうぞく）とは、複数の子どものうち末子が家督相続をする相続をいう。財産相続では、均分相続を理念型とする（竹田旦一九七〇）。

どのような地域でどのような社会経済的背景をもって末子相続が行われ、どのように変容していくのか自体も、姉家督相続との対照で、興味のつきないテーマである。『全国民事慣例類集』に収められている両相続慣行の分布をみると、末子相続は、気候の温暖な地方に、姉家督相続は寒冷な地方に見られる。姉家族相続は、主に東北地方、北関東地方に見られ、末子相続は関東以南に分布しているとされている（内藤一九七三）（前田一九七六）。しかし、末子相続の見られる地方にも、長男相続の「家」は併存する。地図上できれいに色分けされるわけではないことも留意が必要である。ただ、控えめに特徴をあげておくと、末子相続は、小農経営で一度に多くの労働力を必要とせず開墾可能な土地がある場合に見られる傾向があり、他方、姉家督相続[19]の地域では、なるべく早く次世代の労働力を確保する必要があった。

両方の慣行とも、変容の要因は社会経済的要因が大きかったとされているが、明治期以降、生ける規範と国家規範の間の緊張が生じたことは確かで、相続争いが生じたことが報告されている。慣行と国家法では、村や「家」規範が強い拘束力を持っている共同体であれば前者が優先されるが、法の領域で争えば後者が優先される。

明治民法の家族制度を象徴する戸主権も、その権限や継承順において、個々の「家」の家長権とは異なっていた。前者は、血統に基づく継承が大前提で、経営能力が直接問われることはない。個々の「家」においては、長男が優先されることが多かったものの、経営能力は重要であった。

しかし、法制度においては、嫡子であること、戸主であることが、特権的な意味を持っている。たとえば、徴兵制が戸主の免役規定を制定していた時期には、徴兵忌避のための養子縁組や結婚がなされた。徴兵から逃れられるための解説書や徴兵逃れの神様が大流行したという（福島一九六七）（大江一九八一）（大石一九六八）。徴兵忌避のための手段として、非合法な手段は戸籍の改ざんで、合法的方法としては、北海道・琉球への転籍の他、戸主や養子になること（「兵隊養子」）、嗣子、承祖孫・独子独孫になる等の方法があった。徴兵忌避を通して、戸主、あるいはその予定者であることの法的特権性が認識されていくことになった。

戸主も徴兵も、庶民にとっては新しいものであった。慣行としての家長権は存在しても、それはあくまで慣習世界のものであり、国家法の後押しがある戸主とは異なるものであっ

19　姉家督相続とは、性別を問わず最初に生まれ子、初生子（長子）が相続する形態。長子が女性である場合は、婿養子が当主となる。長男である弟の成人後に、弟が家督を継ぐ中継相続の場合もある。

た。徴兵もまた彼らにとっては新しいもので、庶民においては、当初はできるだけそれを避けようとする意識が働いたとみられる。

和歌森太郎は、そもそも家長権が弱かった地域において、世代を下るほど、家長が若者組に対して権限を主張するようになる様子を次のように記述している。伊豆の漁村地帯における「ドラウチ、かつぎ出し」という慣習は、「若者衆が、仲間の恋娘をかつぎ出してきて、その相手と結びつけるようはからってやる行動のこと」をさすが、和歌森によると、これは明治前半をすぎたことからさかんだった慣習である。この慣習自体、若者宿や宿親に対して家長が権限を主張し始めたことを象徴しているが、さらに大正期になると「そうしたこと（ドラウチ）を若いうちにやって、友達仲間の権威を家長権よりも強くおし出した当人たちが、自分の息子や娘に対しては、どう対処したかと私は聞いてまわったが、たいていてい親の意向通りに圧服させたものだと言っていた」という（和歌森一九七四、一五二—一五四頁　かっこ内は引用者注）。

江守五夫も、家長権が弱かった年齢階梯型村落について、長男に加入を限定する若者宿の出現や戸主会が権限を持っていく様子を描いている（江守一九七五）。

庶民慣行に対する国家法との対比から見えてくることは、まずは、国家権力による新しい家族モデルの提示が、ストレートに現実の慣行の変容をもたらす訳ではないことである。しかし、同時に、慣習的世界が、国家権力とはまったく独立に存在していたという訳でもない。そこには、利害関心によって新しい規範を拒否したり、反対に積極的に取り込んだり、時に都合のいいように用いるといった様子がうかがえる[20]。

そうした人間たちの営為やその意味づけの変容のなかに社会の変容がある。そしてそのことを、法の側からではなく、社会から問うのが社会学である。

なお、戦前の「家」については、その近代性を強調する考え方（「家」は近代の発明である）もある。近代以降の「家」がそれ以前の「家」とはさまざまな意味で異なっていることはその通りであるが、庶民においても「家」と称されるものは近代以前にも存在するため、それ以前の社会認識として「家」的なるものが全くなかったとは言えない。もちろん、いたずらに「家」の太古からの連続性を強調するような見方に対して、その認識の近代性、歴史拘束性を指摘するという意義は本書も共有している。

ここまでは、イデオロギーとしての「家」を、為政者にとっての「家」、特に国家法に

20　川島武宜は、「家族の社会秩序に対する国家法の機能」という論文において、「国家が家に入ってくる」メカニズムを、サンクションという概念で説明している。（川島一九六五）

代表させて論じたが、この問題は、法律論だけで終始するテーマではなく、むしろ、教育勅語の方が、より直接的にイデオロギー性を表しているともいえる。国体論、国民道徳として「家」が説かれ、教育を通して強制されたことに、より直接的な政治性をみることができる。たとえば「醇風美俗」や「良風美俗」などの言葉が、教育の場をはじめとして、大正から昭和にかけての民法改正の議論においても、また戦後民法改正時においてもしばしば登場する。対立の一つの中心にあった論点であった。

一方は、それが失われることを憂い（復古主義）、他方はそのイデオロギー性を批判し、超克を目指そうとした（民主主義、個人主義）。民俗慣行からみると、しかし、「醇風美俗」をめぐる論争は、空中戦に見える。両立場とも当該社会の変容に対する危機意識は持っていたものの、こうした言葉で日本の文化や美風が語られる位相は、多くの人の現実生活とは乖離したもので、まさにイデオロギー論争であった。

法律論、道徳論ともに、戦後から戦前へ向けられるまなざしは、基本的に否定的で反省的である。もちろん、家族国家主義に対する反省は忘れるべきではない。したがって「あの時代」を振り返る時、批判的なまなざしを持ち続けることは重要である。ただしあとに述べるように、それは決して、法や道徳のみを批判することで済む問題ではない。

「家」のイデオロギーの議論は、このように、国家法の問題だけではなく、戦前の国民道徳の問題としても押さえておく必要がある。むしろ、民法典論争を経て制定されたことを見てもわかるように、明治民法には、単に士族層のイデオロギーを強調するという意図を超えた、条約改正等々の要因が作用しており、様々な思惑が働いた結果の産物である点は否めない。戦後から戦前を批判する文脈では、戸主権や家督相続など法に代表させて「家」(=家族制度)を語る傾向があるが、一方踏み込んだ議論をするためには、戸主権に代表させるだけでは不十分である。

戦後の民主化の議論(=家族制度批判)のなかにも、国家と「家」との二重性は引き継がれる。この二重性をめぐって、先祖祭祀の位置づけや農家経営に関して、いくつかの異なる視点があった。次節でこのことを詳しく見ていこう。

家族の民主化と「家」――家族制度批判

家族の民主化に関する議論(家族制度批判)の萌芽は、戦前からみられる。その前史は、家族制度批判という表現を伴うものとしては民法改正の議論がなされた大正期から昭和初期にも見いだされる。しかし家族制度批判の頂点は、やはり戦後民法改正期である。そこでは、個人の尊厳と両性の本質的平等に基づく結婚が家族形成の基点におかれ、「家」の解体こそが、近代家族形成にとっての最重要事項となった。

川島は、イデオロギーとしての「家」と庶民の「家」を異なるものと捉えた上で、両者とも問題を孕んでおり民主化すべきという立場である。

他の論者に目を向けると、たとえば、庶民の「家」（農家経営）は保護すべきという立場がある。我妻栄は、均分相続自体は評価しながらも、家督相続を廃して均分相続になることにより、小農経営の土地がますます細分化され経営が成立しなくなることを懸念している。中川善之助も同様の指摘をしている。均分相続について、法改正に携わった論者らの懸案となったのは、農家経営の問題と後に述べる祭祀財産の問題であった。中川は、

これ（相続財産を家から離して、相続人各個人へできるだけ均等に分配しようとすること）はたしかに民主化を目ざす線であるといえる。農村のごときもっとも封建的な社会も、この相続法によって急速に民主化されるだろうということは予想に難くない。しかし、農地の細分によって民主化された農村というものは、もはや農村ではなくなってしま

うのではないかという恐れもたぶんにある。何となれば、農地が細分されてしまえば農業生産は激減し、農家は農業で生計を立てることができなくなり、転業を迫られる結果となる。農村を民主化しようとして、農村を崩壊させてしまったのでは、まさしく角を矯めて牛を殺すの愚であるといわなければならない。（中川一九五二、八四頁。かっこ内は引用者注。旧字体は新字体に改めた。）

この点でもう一つの論点の中心となったのは、祭祀財産についてである。なぜかというと系譜・祭具および墳墓の所有権が、戦前期においては家督相続と結びついていたからで、戦後民法で家督相続を廃止するならば、先祖祭祀にかかわる規定も廃止すべきだという議論が出てくるのは必然であった。

我妻栄は、現行民法の八九七条にある「系譜、祭具及び墳墓の所有者」は「祖先の祭祀を主宰する者がこれを継承する」[21]という規定が、復古主義であるという批判に対して、次

21 「系譜、祭具及び墳墓の所有者は、前条の規定にかかわらず、慣習に従って祖先の祭祀を主宰すべき者がこれを継承する。但し、被相続人の指定に従って祖先の祭祀を主宰すべき者があるときは、その者がこれを継承する」という規定。

のように述べている。旧法では、「系譜・祭具および墳墓の所有権」を「家督相続の特権」としていた。これらの所有権によって「表象される祖先の祭祀の永続することを、間接にせよ法律の要請するところとしていた」が、改正民法では、「祖先の祭祀の主宰者に特別の財産を与えることを、法律上の要請とはしていない」（我妻一九五二、一七四―一七五頁。旧字体は新字体に改めた）。ただ、「系譜・祭具および墳墓の所有権」を、「親族関係のある、しかも氏を同じくする者」によってなされることを前提として規定していることは認めている。そして「問題は、この程度の規定は適当かどうかということになる」と述べる。

対して、青山道夫、福島正夫は、いずれの点においても徹底して「家」の廃絶を訴える立場にあった。特に先祖祭祀について、我妻、中川、そして一九四六年（昭和二十一年）当時司法省民事局長だった奥野健一を批判するなかで、青山は、次のように述べる。

私は祖先の祭を重んずる国民感情が現実に存在することをあえて否定はしない。しかしさきにも述べたように、かかる感情それ自体が否定されねば家族制度の民主化は徹底し得ないと思う。何となれば、この感情は、単なる父母に対する人間的感情それ自体ではなく、それは習俗的家の観念と結合する祖孫一体的意識であり……（中略）、絶対主義天皇制国家を支える国民道徳の基礎だったからである。しかして、かりにまたかかる制度的意義をもたぬ単なる国民的感情とするならば、これを特に民法が規律し保護助長することは何ら必要がないと言わねばならぬ。（青山一九五二→一九七八、九五頁）

青山は「家族制度の民主化のために」と題した論文の冒頭で、「わが民主主義革命を完遂するために是非とも成しとげられねばならぬ一つは、わが封建的家族制度を打破し新たな民主主義的家族制度を確立することである」（青山一九五二→一九七八、九九頁）と述べ、気持ちのよいほど明快に、歯切れよく家族制度の廃絶を主張する。川島武宜も、『日本社会の家族的構成』執筆時（一九四六年当時）を振り返って、「あれを書いたときに心の底からこみ上げてほとばしった情熱の記録」と述べている（川島一九七八、二二七頁）。戦前の制度を封建制として批判し、民主的家族を形成するという議論は、こうした情熱や気概に満ちていた。

福島正夫は、祖先祭祀についてではないが、都市労働者における新興宗教について近代化をはばむものと位置づけている。一九五四年に東京都足立区、一九五六年に川崎市古市場町において実施した調査から、都市家族における「家」意識の考察をしている。その際、「家族関係の近代化をはばむもの」として五点を挙げている。労働者社宅地域での「井戸端会議」、「プチブル、町人根性」、「土地・家屋の所有と直系家族成立」、「経営者側の家族主義的労務管理」に加えて、五点目に「家族制度と深い関連のある新興宗教の影響力」を挙げる（福島一九六七、四二九―四三二頁）。福島は、新興宗教の「影響力の大きさには、おどろくほかはなかった」とだけ述べていて、それ以上具体的なことは論じていない。しかし、その他の点、井戸端会議やプチブル、町人根性の記載と並べて論じられていることから、文字通り「近代化をはばむもの」として否定的文脈にあることは確かであろう。

前章で紹介したように、森岡清美は、大正期以降、都市下層を中心に信者を集めた新宗教運動を、新しい先祖祭祀と位置づけている。森岡の取り上げ方は中立的であるが、非家的先祖祭祀としての現象の新しさとそれが都市下層を中心に大きく信者数を増やしたことを指摘している。都市労働者層に新興宗教の信者が多いという指摘は福島らによる調査と共通しているが、取り上げ方は対照的である。福島にあっては、先祖祭祀にかかわる宗教性は、前近代的なものであった。しかし新興宗教における双系的な先祖観が戦前の「家」意識と直結するものであるかどうかは留意すべき点である。

同じく前章で紹介した竹田聴洲は、戦後民法改正期の祭祀条項制定の経緯を追うなかで、「戦後の民法改正は、明治民法の家の半面（法的な）は廃止し得たが、他の半面（宗教的な）を廃止することは、しなかったというよりも出来なかった」と指摘する（竹田聴洲一九七六、二〇四頁）。民法改正時の政治的な状況を念頭においての指摘でもあるが、しかし、それだけではなく、竹田も「家」の宗教性がイデオロギーと結びついたことは承知しながらも、民衆レベルにおける先祖意識の根強さを認識していたのだといえる。

次節で論じることを少しだけ先に述べておくと、本書で言及している「家」の論者たちは、それを全面に出さずとも、民主主義的、近代主義的メンタリティーを内包している。柳田を含め、「家」を肯定的に扱っているようにとられる研究も実は同じである。社会や民衆を対象としている研究者は、したがって、「家」をとりまく現実、その慣習世界における先祖祭祀や「家」と、そのことが封建制、封建遺制のイデオロギーとして語られることの間での両義性を感じていたと思われる。そこで取り得た社会学的立場が、たとえば前章で紹介したようにイデオロギー的先祖と慣習上の先祖について、それぞれを概念化し、共通性と差異について分節化して考察するという学問的態度であったのだろう。

「家」と戦後家族を対置して、前者を封建的、後者を民主的と位置づけ、前者から後者への変容を家族の民主化、近代化と捉える立場は、川島、青山、福島らに鮮明に現れていた。この見方が、法律論議を超えた、戦後家族研究の中心的立場となった。男女の本質的平等に基づく、両性の合意によって成立する家族の確立が、家族の民主化の目指されるべき目標であった。「家」から家族へという表現は、バージェスの「制度から友愛へ」という表現とともに家族の変化を捉えるキーワードとなっていった。

そこでは、戦後家族へと焦点があてられていたために、戦前の「家」が現実にはどのようなものであったのかという把握への関心は周辺的なものとなった。「家」は反省すべき戦前の家族制度であり、その後に形成される（形成された）現代家族の問題へと焦点が移行したのである。問題関心の移行自体は時代の趨勢であり否定されるものではない。問題は、「家」がそうした単純な図式でのみ語られてしまい、中長期的な変動の視点で捉えることが長らくなされなかったことである。

鹿野政直は、戦後ある時期までの家族論が「家」の否定と近現代家族の形成であったのに対して、それ以降は現代家族の家族問題へと家族研究の焦点が移行していくことを指摘している（鹿野一九八三）。鹿野自身も『戦前・「家」の思想』において、柳田や有賀に代表される農村社会学的視点は批判的に捉えている。こうした農村や農村社会学へのまなざしは、民主化によって農村の封建制を乗り越えようという戦後家族論と共通するものである。

このように家族研究の問題関心は、過去の封建的とされた家族ではなく、新しい家族問題へと移行していった。

川島、青山らの家族の民主化に対する真っ直ぐの情熱と勢いとは対照的に、同じく戦前の「家」を研究していた農村社会学者にとって、戦後初期は困惑と沈黙の時代であった。

封建遺制としての「家」――「家」研究の沈黙・忘却

ここまでは、戦後の家族制度批判を紹介してきたが、「家」を研究していた社会学者は戦後の「家」をどのようにまなざしたのだろうか。

封建遺制をめぐる議論が盛んに繰り広げられた当時を、喜多野精一は、以下のように振り返る。

今日では家族という名辞はただ学術用語としてだけでなく、一般用語としての通用範囲を次第に拡げつつある。そして家というとなにかしら前代の「封建的」遺制であるかのように受けとられるので、家族生活の近代化が進むとともに、いっそう家族という名辞の通用を拡げてゆくことになるのだろう。また家にとって今一つ不幸な事情は、それが戦前と戦後とを通じてイデオロギー的論議の的となったために、家概念はしばらくの間かなり特殊な立場に立たされてきたということである。日本社会の近代化が遅れていて、家父長制的な伝統が家族生活の中にまで力を残していたこと自体が問題である上に、戦争を挟んでその前後に、まるで逆な方向でイデオロギー的評価を受けてゆさぶられたという事情が、日本の家を考察する上に特別な困惑を附加しているようにみえるのである。（喜多野一九六五→一九七六、八七頁）

喜多野は同書に収められている「同族組織と封建遺制」と題した論文において、文字通り同族組織が封建遺制と呼びうるのかどうか、ヴェーバーらの家産制、封建制の概念を用いて考察し、同族結合は、封建制より家産制に近いと結論づける。この論文は、一九五一年刊行の人文科学会の文字通り『封建遺制』と題された封建遺制研究の年次報告に掲載されたものである。

この報告書に収められている人文科学委員会副委員長和田小次郎による「跋文」には次のようにある。

読者は、各研究者の報告を読んで、われわれ日本人の社会生活のなかに、いかに多くの封建的なもの、または、近代以前的なものが残存しているかを知られるであろう。そのなかには、長い間われわれ自身が無意識のうちにとってきた生活態度や生活様式もある。それが意外にも封建的または、近代以前的なものであることを知って驚かれるかもしれない。そして、そのような封建的なものの残存がわれわれの社会生活の正しい民主主義化を妨げているのであり、それが封建的であることに無意識であればあるほど、正しい民主主義化を妨げる力が大きいことになる。

（中略）

まず、封建的なもの、または、近代以前的なものの残存は、何といっても農村においてで最も顕著であり、且つ農村における封建的なものの残存が、直接間接に、他のあらゆるそれの源泉をなしている、とも考えられる。（和田一九五一、三三〇―三三一頁。旧字体を新字体に改めた。）

なおこの研究会に、有賀が参加を承諾しなかったことを、中野卓が紹介している。「封建遺制」の概念をもって日本の近代社会を見ることに批判的であったからというのがその理由であると中野は論じている[22]（中野一九八〇）。

ここでは中略としたが、近代以前的、封建的なものの残存が、民主主義化を妨げるという表現が、和田の文章では繰り返される。喜多野が、この大会報告の、この社会的政治的文脈において、同族組織が封建遺制ではないと論じていることは、改めて注目されることである。喜多野は同族組織と封建制について次のように論じている。

同族結合が、ヴェーバーのいう家産制に近いとしても、家産制が封建制と共在することもある。日本の同族団も武家支配の封建社会に封建的政治機構と結合して存在していた。封建政治機構と結合することによって同族の内部統制が強化されることはあり得るし、同族団内部の序列が封建的に固定されることもあり得ることである。したがって封建的政治経済環境が同族団の成立発展に良好な条件であったことは言えるだろう。しかし、反対に、「家」の成立が同族団の制約を受け、生活している村の共同体的な制約を受け、さらに封建領主の村治政策からくる制約を受けるというように、同族団の発展を抑制する面もあった。

このように喜多野は、同族団が封建社会に適応していた面を認めつつ、他方で封建社会が同族団の発展に抑制する方向に働いたことを指摘する。そして次のように述べる。

ところで、こうした影響によって同族団に封建関係的潤色が加えられることがあるとしても、同族団そのものの結合の性格を封建的ということは出来ないと思うのであります。従って今日ある同族団を指して封建遺制ということも当たらないと思います。

あくまで、同族団の結合の性格を封建制概念と照らして考察している。喜多野の社会学的立場が貫かれている。そして論文の最後を以下のようにしめくくっている。

社会関係としての性格が非近代的非合理的であるというような点から、大まかに封建遺制であるというのであるならともかく、われわれとしてはこのものの社会結合の本

22　ただし、有賀は封建遺制という概念そのものに批判的だったわけではない。現に、著作集第四巻の表題は、『封建遺制と近代化』である（有賀、一九六七）。

質を社会学的に究明しなければならないと考えているのであります。（喜多野一九五一、一九四―一九五頁。旧字体を新字体に改めた。）

「封建遺制」と題された研究会で、しかも「農村における封建的なものの残存」が「民主主義化を阻む」という趣旨の研究会にあって、農村社会学者としての社会学的立場を貫こうとする喜多野の態度表明ともとれる文章である。

少し頁を戻すと、以下のような記述もみられる。

もし同族団がわが国中世及び近世の武士階級を支配階級とする封建社会に広汎に存在していたとか、同族団の伝統的権威による支配関係の基礎が非近代的非合理的であるとか、本分間の主従関係的慣行の内容が封建的搾取であるというような観点から、同族組織は封建的であるとする常識的見解に立つなら話は別であります。しかし社会関係としての同族結合の内面的な結合の原則を上に見てきたように理解しますと、ドイツ中世史家や特にマックス・ウェーバーが封建制と区別して説いている家産制に甚だ近いことを知るのであります。（喜多野一九五一、一九二頁。旧字体を新字体に改めた。）

この引用の後半部分は先に要約した通りであるが、ここでは最初の文章に注目したい。「常識的見解に立つなら話は別であります」という表現が見られる。一つ前の引用には、「大まかに封建遺制というのであるならともかく」、という表現もある。当時の、非合理的、非近代的なものを「大まかに」封建的と呼んでしまうような言論の風潮を牽制しているともとれる。

社会にある非近代性や非合理性を、封建的であるとか、保守的であるとか名付けて批判するだけでは社会学的分析にはならない。むしろそうしたものを内包する社会を分析することが社会学者には求められている。この指摘は重い。現代家族の分析にも通じる課題である。

当時の「封建遺制」批判の時代状況や社会学者の言及について論じる中で、渡辺秀樹は、次のように指摘している。

〈封建遺制〉批判という波濤を引き起こし、それに棹さし、巻き込まれ、あるいは抗い、さらには波濤にかき消されそうになりながら、そこから離れて深層の構造を探る、さまざまな立場があったということを知っておくことは重要であろう。戦後初期を、〈封建遺制〉批判の一色で塗りつぶされた時代であると単純には総括できない。（渡辺二〇一三、一一頁）

渡辺が、喜多野、小山隆、中野卓らに加えて、「〈封建遺制〉批判という時代状況に、最も批判的な言明」として字数をさいて紹介しているのは、有賀である。詳しくは渡辺の論文に紹介されているので、ここでは一部にとどめたいが、有賀は、敗戦以後の日本において、封建制、封建遺制が批判される時代状況を次のように述べている。

私は戦後のような激しい変化の中で自分の見方の方向を見失ったこともしばしばであったが、あわてふためいて自分の足場を失うことを痛切におそれて来た。わからない時はうずくまって自分を見つめるよりほかないと思った。そして激しく変化していく波濤の波の底の海の深みを探りたいと思った（有賀一九六七、一頁）

この文章は『封建遺制と近代化』と題された著作集第四巻の序にある。有賀は、自分の方法で、時代の潮流とは異なる形で封建遺制を問うたのだといえる。

ところで、現在においてもなお「家」を研究することに、似たような空気を感じることはある。いくら「家」を肯定することが目的ではないと主張したところで、「家」を研究すること自体に否定的な評価はついてまわる。しかし、有賀の回想に触れると、戦後の民主化の波のなかにあって自身の立場を貫くことが、我々の想像を超えて険しいことであったと推察される。戦後初期に、一方で熱く民主化論が展開されるなかにあって、「家」研究者がとった一つの態度、それは沈黙であった。もちろんそれは、文字通りの沈黙ではなく、「うずくまって自分を見つめるよりほかない」と述べている有賀においても、自身の方法で「波の底の海の深み」を探っていたのである。封建遺制批判の潮流に、直接与しなかったという意味である。

もちろん、有賀喜多野論争に代表されるように、多くの研究者を巻き込む形で「家」の議論は再燃する。「家」の変動論への関心は、確かに学界の中心にはなかったが、全く失われたわけではなかった（松本一九八二）（正岡一九八一）。

なぜ、「家」の変動論が必要なのか。現在から見れば、あまり大きな問題には見えないかもしれない。しかし、本書の冒頭から述べてきたように、現在になってみて、改めて、「家」

の現在の問題は、過去の家族制度の残滓というだけでは語り切れなかったことがわかる。「過去の」という形容詞をつけるとしても、それは戦前の法制度や道徳教育によってのみ説明できるものではない。

「家」は社会や家族の再生産システムにかかわる規範や（広い意味での）制度である。「家」を否定した後にも、再生産にかかわる規範はあり続けるだろう。そして、「家」研究からの示唆で重要であったと思うのは、再生産は生だけでなく、生と死をつなぐものであるということである。死者をどう祀るかについて、われわれは新しい法体系さえ見つけていない。祭祀条項は現在も存在している。新しい動きはいろいろに見いだされるものの死後祭祀についての法規定は、大きな変更なく今日にいたっている。現実にはもちろん様々な齟齬が生じていて、すでに戦前から新しい祭祀は登場している。この意味で、もちろん「家」は変容している。しかし、それに変わる新しい死をめぐる共同性が、大きな変化の流れとして生まれているとは言いがたい。アンケートで問われれば六、七割の人が、年に一、二回は墓参りに通い、先祖は尊ぶべきと答えている。このことを、ストレートに深い宗教意識、先祖意識に根ざしていると解釈すべきではないだろう。しかし、これだけ減ることなく続いていることには、何らかの社会学的意味を持つと考えざるを得ない。

本章は、社会学の立場から、家族制度論批判や民主化の議論を批判的に取り上げたと読まれるかもしれない。確かに、今日「家」という言葉で語られるものを、「家」イデオロギーの延長線上に考えることには無理がある。しかし、だからといって、家族制度批判と民主化の議論で展開されたことが、現在にまで至る「家」の変化を語るうえで無意味だったなどと主張したいのではない。

あの時の議論は、家族という関係性が社会のなかで引き受けてきたこと、そのことが抱える矛盾を、いろいろな角度からあぶり出していると思うのである。

たとえば、家族の情緒性が、一方で、権力関係を隠蔽し正当化することに働くとされ、他方で、戦後の民主的家族の軸に置かれる。農業経営を持続させるために、例外規定を置くべきという考え方がある一方で、農業経営こそ民主化すべきという考えがある。先祖祭祀についても同様の対立があった。当時は親の扶養を誰が担うのかという危惧も抱かれていた。多くの問題が、今日の家族問題にもつながるものである。イデオロギーとしての「家」を解体することだけでは解決をみない、また現実の「家」を否定するだけでも解決しない家族問題がそこにはすでに抽出されている。法改正の議論は、家族、そして法はどうあるべきか、という視点からなされた。現代の「家」を見る時は、その議論を経ても消え去っていかない現実として、それらを捉えるという社会学的視点が重要だろう。

「家」と近代家族

封建遺制批判の時代を経て有賀喜多野論争がおこるのは一九六〇年代になってからである。また、一九八〇年代以降、「家」と近代家族の問題を戦前戦後の断絶モデルを超えて捉えようとする関心が、再び潮流として出て来る。民主的であったはずの戦後近代家族へのジェンダー論的批判が展開される。そこでは近代家族論と家族史研究が多くを担っていた。

明治期以降、法の制定や改正にあたっては、法制度上の「家」と現実の「家」慣行との異同が繰り返し問われてきた。『全国民事慣例類集』『商事慣例類集』（法務省一八八〇、一八八三―四）は、明治期の法制定に際して、庶民慣行を把握しようとする目的で編纂されたものである。しかし、実際のところ、法は庶民の「家」慣行に準拠してではなく、為政者の「家」を基盤に編成された。法の改正が論議される時期には、為政者の「家」観念と照らして、現実の「家」の解体に対する危機意識が現れる。

「家」のイデオロギー性への批判が大きく取り上げられるのは、戦後民法改正期である。この時期には、戦前の家族制度への批判が一斉に噴出する。「家」は戦前の家族制度として批判の的となる。「家」に対する戦後の評価（「家」制度批判、家族の民主化）には、戦前の政治体制への反省とともに、いわば反「家」的思想が一気に開花する。

現代家族論においては、「家」を戦前の「家」制度として批判的に捉える視点が長く主流であった。現在よく知られている「家」の見方であるといえる。しかし、法制度を否定することだけでは、「家」の変化および「家」の現在を捉えきれないことは他の章でも指摘してきたところである。

家族史研究は、社会史研究、新しい歴史学と呼ばれる歴史研究と同じ潮流にあり、政治史や国政史では周辺に位置づけられがちであった庶民の日常生活や心性に注目するという特色がある。従来の民俗学や社会学と異なるのは、女性、子どもへの視点に重点があるという点である。また、ヨーロッパの家族史研究がベースにあるため、戦前戦後の分断図式から距離を取ることができる。

このように、農村社会学の「家」研究とは出自が異なるが、庶民の慣習世界から社会を分析するという方法には共通性がある。国政史や法から社会をまなざすという視点からは、ともに距離がある。何より同時代を対象としている。「家」と、家族史研究が捉えた近代家族は、一方から一方への変化という図式ではなく、日本にあっては、相互に補完しあう形で近現代の家族が形成されていたと見ることができるのではないか。

繰り返しになるが民主化論の意義は大いにあると考えている。しかし民主化論が理念型とした近代家族は、現実には、戦後においても「家」的要素を併せ持っていたのである。むしろ高度経済成長期に向かって、両者は補完しあっていたのではないか。

本章の最後にあたり、過去のテクストをどう読むのかという点に触れて章を閉じよう。本書で取り上げている研究は、現在の地点から見れば、ジェンダーの視点に欠けている、あるいは乏しい。批判することが目的であればそれで事足りるだろう。時代の制約があったとはいえ、一度は受けなければならない批判である。

その上で、これらのテクストから何を読み取るのかと問われれば、まずは、封建遺制の議論で触れた有賀、喜多野の社会学的立場をあげることができるだろう。あるべき家族像の議論だけをするのであれば、過去の家族に拘泥する必要はない。だめな点を批判するだけでよい。しかし、社会を分析するという意味では、それでは不十分である。そして社会を問う、社会に問うという方法は、仮に回り道であっても、これからの家族を展望する際にも有意義なのではないかと考える。

当たり前のことを言っているように聞こえるかもしれないが、実はこのことは、そう簡単ではない。封建制の議論の際に出てきたことだが、家族は非近代的、非合理的要素を内包する関係性であるからである。それは、決して戦前の「家」だからそうだったのではない。そうしたものを抱え込まざるを得ない家族関係というものの行く末をどのように構想するのか、「家」的なもの、近代家族情緒的なもの、それに変わる何かがあるのだろうか。やはり、もしあるのだとしたら答えは社会のなかにあるはずである。

ジェンダーについて触れたが、「家」と女性というテーマは、取り上げたいと思ってなかなか叶わずにいる。引き続き今後の宿題である。

◆七章◆

まなざしの先へ

一面的理解の見直し

「家」を読んだ先に何を見るのか。もちろん、その先は読者に開かれている。ただ、「家」を批判するだけで家族の問題は解決しないことは明らかであるし、反対に「家」を再評価して、現在の家族問題に対応することが不可能であることもまた自明である。

家族の変化を考える際に、一本の太い連続線で捉えることは単純に過ぎる。他方で、ある時点で家族が激変するという見方もまた素朴である。「家」についてはある時期まで後者の見方が強かった。その際に概念化された「家」は過去の封建的な家族制度としてであった。しかしどの時代においても人々の生活はあったわけで、戦前を制度の時代、戦後を情緒の時代と捉えたとしても、両方の時代にまたがって生活は連続している。戦前の「家」が制度だというならば、戦後の家族もまた一つの制度として見ることができるし、戦前においてすでに家族の情緒性が強調されてくることも家族史研究によって指摘されてきたところである。

視点や語るレベルに戦前戦後で落差があったことは問題である。戦前の「家」も、当然のことながら、地域や時代によって差異がある。現実に目を向ければ、戦後家族よりも、むしろ複雑な多様性のなかにあったといえる。

「家」の社会学的研究に共通していたのは、人々の生活や生存を支える関係性への視点である。答えを社会に問うこと。机上の「べき論」や理想ではなく、社会において「家」がどのように在ったのかを、個々のフィールドにおいて問うこと。これは、社会学の基本的な立場で、あまりに当然のことを述べているように見えるかもしれないが、思いの外、容易ではなかったことは、戦後すぐの時期の「家」の語りにくさからもうかがえる。

これからの家族を展望する際にも、おそらくこの視点は活きてくるだろう。今ある共同性の先に未来の家族展望はあるはずである。それは、「家」の変化、「家」からの変化を問うことの延長線上にもある。

「家」の超越的性格

「家」は、人々に超世代的存続を希求されるものであると随所で紹介してきた。「家」の時代においては、そのことは、人々の意志や権限に優越して、絶対的重要性を持つものとして捉えられてきた。それは系譜関係を軸とした「家」内部や「家」相互の序列や権威に基づく関係性であった。

現代の文脈で考えれば、多くの場合、「家」の存続よりも個々人の選択の自由の方が優先されるだろう。「家」の継承と自身の選択との間で葛藤する人は現在も存在するが、「家」のために何かを犠牲にするという生き方はもはや一般的ではない。

「家」を生きなければいけないこと自体が不条理なことである。しかし、不平等で不条理ながらも、生きていく上で起こる様々な事象――誕生や死を含む――について、「家」（そして村）が、宗教的、象徴的意味においても受け皿となってきた。「家」と村は、人々の人生や関係性を包摂する小宇宙であった。「家」の現実的意味が、多くの人にとって失われた今日、この小宇宙は衰頽、変容している。特に本家分家関係という「家」間の秩序体系が、今日において持つ拘束力は、きわめて限定的である。「村と家」が予定調和的に結びついた世界は大きく変容した。

しかし、「家」内部の秩序についてはどうだろう。現在にも家族にまつわる不条理は存在する。われわれは生まれて来る関係性を選ぶことはできない。生きていく上で、その関係を断ち切ることは不可能ではないにせよ、容易ではない。単に共同性を選べないというだけではなく、生きていく上で起こる様々な事象について、共同していくことが規範化されている。宿命性や選択不可能性がついてまわるという意味で、家族という関係性は現代社会において特異な関係性である。（家族という関係だけを特別視し、前提におくということではない。）

現代において、こうした家族関係を統合する規範は、たとえば戦後家族論では、情緒と捉えられてきた。近代主義的家族論においては、「家」のもとでの犠牲には否定的でありながら、情緒に基づく「自発的な」犠牲がしばしば肯定されていた。たとえ「自発的」であったとしても、犠牲を伴う関係を無邪気に肯定することにも注意が必要である。しかし、小家族の家族情緒という横の規範だけで十分なのかどうかについては、すでに柳田がその行方を案じていた。柳田の心配が杞憂だったのかどうか、ずっと後の時代を生きる私たちは問いかけられている。

先述したように「家」意識として把握されるもののなかで、一定の持続性を保っているのは先祖祭祀に関する意識である。世論調査の具体的な質問項目が何を測っているのかについては厳密な検討が必要だが、「家」の持っていた宗教性については、代替が見つかっていない、あるいは、無意味であると割り切れていないと解釈することもできるだろう。

もちろん、墓の新しい共同性は出現しつつあり、宗教面においても人々は「家」に代わる新しい共同性を形成しつつある。しかし、「家」が担ってきたもの、ここでは、人々の生と死を超えた連続体である「家」に死後の安寧を委ねることは、変質してきたとはいえ、まだまだ墓参りや法事等の形式として持続している。

人々が、世代間継承規範という縦の束縛を断ち切って、横断的な、今を生きる人との関係性のみに重点をおいて生きていくのかどうか、現在は、まだ答えが見えていない。子供への教育投資や相続など、「家」的ではないにせよ、現代なりの継承意識も見いだされるからである。今日においても、家族を選べないという宿命性とそれに伴う不平等は、家族によって再生産されている。そして、養子慣行が変容するなかで、血縁に対する意識はむしろ近現代で強まっているとも言える。

おそらく、戦後すぐの時期に、家族の民主化、近代化を唱えた論者たちが予想したより、家族の変化は、この意味において、緩慢だったと言えるだろう。

農村社会学における「家」研究においても、戦後の民主化論においても欠けていたのはジェンダーの視点である。後者においては両性の平等という問題意識は強くあったが、戦後の民主的家族がジェンダー問題を孕むという視点は不在だった。戦後家族は性別分業家族というジェンダー化された家族であり続けた。

「家」の求心性と遠心性

現代において「家」の継承の葛藤を抱える人には、単に「家」と個人意識との狭間で悩むというより、そこに、親や祖父母に対する愛情が介在している場合が少なくない。「家」そのものを内面化している場合もあるが、「家」が何であるかはよくわからないが、祖父母や親に頼まれたから名前を継ぐ、仕事を継がなければという意識もある。「家」と近代家族は、対置して捉えられることも多いが、「家」の継承と近代家族意識は、相互補完的な関係になることもある。特に、「家」に対する否定的意識が曖昧になっている今日、そうしたことが起こりうる。特に、これまで「家」の継承という視野の外側におかれがちであった女性（娘）に、こうした葛藤が観察されることも現代的特徴であるといえる。ただその際に念頭におかれているのは婚家ではなく生家である。嫁としての「家」意識は薄れるか否定的であるが、自身の「家」についてはその行く末を慮るという特徴がある。実家の墓に入りたいという意識や、自分の名字を守りたいという、いわば「私の家」とでも呼びうるような現象である。過去の社会においても、結婚や養子縁組によって他家に入った人々には、潜在的にはあった意識であろうが、今日、少子化や長男規範の弱まりによって表出した意識である。

これらの場合においては、「家」の継承意識と近代家族意識は矛盾なく併存している。戦前戦後で対置されがちであった両意識は、一方から一方への変化ではなく、相互補完的に重なりながら併存していたと見るべきであろう。

少し本論の議論に戻してまとめよう。「家」の二重性、多層性についての議論から見えてきたことは、「家」研究には系譜の中心線にある家族への視点と、系譜意識に基づいて連帯していく複合的な関係性への視点が併存するということである。どちらに重きをおくかは論者や研究対象によって異なるが、多くの場合において、両者を視野に入れてそれぞれの「家」論が展開していたといえるだろう。この射程はおのずと、家族と社会双方を含むことになった。近代日本の研究においては、「家」の問題が政治や教育における国家イデオロギーの問題でもあったことを思い起こせばよい。「家」を（狭義の意味での）家族としてのみ見てしまうと、この広い射程は失われてしまう。

戦後において、国家や企業へと拡大していく「家」は否定されるべきものであった。家族国家主義に対する反省的な立場から見ると、もっともなことである。繰り返しになるが留保をつけておきたいのは、イデオロギー論争だけで戦前の「家」を語ることは、「家」の現実を捉える上では不十分であるということである。もちろん、政治上の「家」に対して、庶民の「家」はよいものであったとか、無害であった等という指摘は素朴にすぎる。社会学的にいうと、「家」の問題は、社会において捉えられるべきだということである。戦前の「家」に対する理解については、この点が忘れられがちである。

村において人々がなぜ同族団という「家」の連合体を形成したか、それは、社会経済的条件のもと、生活していく上でまずは必要であったからである。先に述べたように、今日「家」が本家分家で連合していく必要性は大きく減退した。核家族化や個人化は、「家」から家族や個人が自律性を獲得していくプロセスであり、その変化は戦後社会において望ましいことと考えられてきた。しかしながら、今日、人口減少社会において、家族の閉塞性や、個人の脆弱性が問われている。

戦後社会においても早い段階から、家族の孤立という問題意識は存在していた。拡大していく「家」に代わる関係性、共同性は、たとえば中間集団、市民社会、最近ならば親密圏という概念で考えられてきた。現代社会においては、家族を超える連帯についての想像力が求められ続けている。近代社会にふさわしい紐帯はどのようなものか。どこに現れるのか。いずれにせよ。それも、社会のなかで生み出されていくものである。

「家」の変化を問うならば、家族を超える大きな「家」の統合力の分解、解体過程と小さな「家」の成立過程をまずは理解しておくことが重要である。家族論の文脈では、小さな「家」の解体、そこからの解放が戦後のテーマであった。しかし、今から振り返ると、「家」と村の変容は、まずは同族的関係性が衰頽していくことにあったといえる。そして社会のなかでの「家」の変容を問うならば、「家」の連合体に変わるものが、どのような形で現れたのかを捉える必要がある。

「家」を読むことは、閉ざされた関係性においてではなく、社会において問うこと、社会を問うことへと開かれている。

参考文献

青山道夫　『日本家族制度論』九州大学出版会、一九七八年。

有賀喜左衛門　「日本における先祖の観―家の系譜と本末の系譜と―」岡田謙・喜多野清一編『家―その構造分析』創文社、一九五九年→『有賀喜左衛門著作集VII』未來社、一九六九年。

「家族と家」『哲学』三八集、一九六〇年→『著作集IX』一九七〇年。

『日本家族制度と小作制度』一九三八年→『有賀喜左衛門著作集I』『有賀喜左衛門著作集II』一九六六年。

『有賀喜左衛門著作集IV　封建遺制と近代化』未來社、一九六七年。

「家族理論の家への適用」『社会学評論』十九巻一号、一九六八年→『著作集IX』一九七〇年。

『有賀喜左衛門著作集IX』未來社、一九七〇年。

「一つの日本文化論―柳田國男に関連して―」未來社、一九七六年。

江馬三枝子　『飛騨白川村』未來社、一九七五年。

江守五夫　『日本村落社会の構造』弘文堂、一九七五年。

福島正夫　『日本資本主義と「家」制度』東京大学出版会、一九六七年。

福武直　『日本農村の社会的性格』東京大学出版会、一九四九年。

長谷川善計・竹内隆夫・藤井勝・野崎敏郎『日本社会の基層構造』法律文化社、一九九一年。

法務大臣官房司法法制調査部『全國民事慣例類集』一八八〇年→復刻版、商事法務研究会、一九八九年。

法務大臣官房司法法制調査部『商事慣例類集　第一篇〜第三篇』一八八三年〜一八八四年→復刻版、商事法務研究会、一九九〇年。

細谷　昴　『家と村の社会学』御茶の水書房、二〇一二年。

磯田進　「村落構造の二つの型」『法社会学』一、一九五一年、五〇―六四頁。

岩崎彌太郎・彌之助伝記編纂會　『岩崎彌太郎伝　上』岩崎彌太郎・彌之助伝記編纂會、一九六七年（上）。

『岩崎彌太郎伝　下』岩崎彌太郎・彌之助伝記編纂會、一九六七年（下）。

柿崎京一「資本制成立期の白川村「大家族」の生活構造」『村落社会研究』十一、一九七五年、四五―一二二頁。

神島二郎『近代日本の精神構造』岩波書店、一九六一年。

鹿野政直『戦前・「家」の思想』創文社、一九八一年。

川島武宜『イデオロギーとしての家族制度』岩波書店、一九五七年。

『日本社会の家族的構成』一九四六年→岩波現代文庫、二〇〇〇年。

「家族の社会秩序に対する国家法の機能」青山道夫教授還暦記念『家族の法社会学』法律文化社、一九六五年、三―一四頁。

菊地　博『ある法学者の軌跡』有斐閣、一九七八年。

「長崎県諫早市における末子乃至非長子相続制について」『法社会学』四号、一九五三年、一一一―一二六頁。

喜多野清一「同族組織と封建遺制」日本人文科学会編『封建遺制』有斐閣、一九五一年、一七五―一九五頁。（喜多野一九七六）に再録。

『家と同族の基礎理論』未來社、一九七六年。

孝本貢『現代日本における先祖祭祀』御茶の水書房、二〇〇一年。

Laslett,P., *The World We Have Lost*. Charler Scribner's Sons,1965. =『われら失いし世界』三嶺書房、一九八六年。

前田　卓『姉家督―男女の別を問わぬ初生子相続―』関西大学出版部、一九七六年。

正岡寛司「『家』研究の展開と課題」『家族史研究』三、大月書店、一九八一年、六七―九二頁。

松本道晴「家の変動ノート」同志社大学人文科学研究所編『日本の家』国書刊行会、一九八一年、八五―一一六頁。

松島静男・中野卓『日本社会要論』東京大学出版会、一九五八年。

三菱社誌刊行会『三菱社誌』二、三菱社誌刊行会、一九五九年。

Mitterauer, M, *Ledige Mutter: Zur Geschichte illegitimer Geburten in Europa*. beck.1983.

森岡清美「真宗教団における寺連合の諸類型」喜多野清一・岡田謙編『家―その構造分析』創文社一九五九年、三一九―三四六頁。

「墓のない家（墓制の一側面）――三重県阿山郡大山田村下阿汲――」『社会と伝承』九巻一号、一九六五年、一三―一九頁。
『家の変貌と先祖の祭』日本基督教団出版局、一九八四年。
『現代家族変動論』ミネルヴァ書房、一九九三年。
『華族社会の「家」戦略』吉川弘文館、二〇〇一年。
Murdock, G. P. *Social Structure.* Free Press,1949.＝『社会構造』新泉社、一九七八年。
内藤完爾 『末子相続の研究』弘文堂、一九七三年。
中川善之助 『日本の家族制度』培風館、一九五二年。
中野 卓 『商家同族団の研究 上下 第2版』未來社、一九七八年。
「内と外」相良亨・尾藤正英・秋山虔編『講座 日本思想3 秩序』筑摩書房、一九八三年、三三九―三六四頁。
「追悼文 有賀喜左衛門先生を悼む」『社会学評論』三二（一）一九八〇年、九四―九九頁。
NHK放送文化研究所編『日本人の意識構造 第七版』日本放送出版協会、二〇一〇年。
日本人文科学会編『封建遺制』有斐閣、一九五一年。
及川宏 『同族組織と村落生活』未來社、一九六七年。
大江志乃夫 『徴兵制』岩波新書、一九八一年。
大石慎三郎 『近世村落の構造と家制度』御茶の水書房、一九六八年、二九六頁。
大藤 修 『近世農民と家・村・国家』吉川弘文館、一九九六年。
桜井徳太郎 「柳田国男の祖先観 上」『季刊柳田國男研究』七、七九―九六頁。
盛山和夫 『制度論の構図』創文社、一九九五年。
鈴木榮太郎 「日本農村社会学原理上、下」『鈴木榮太郎著作集Ⅰ、Ⅱ』未來社、一九六八年（初版は一九四〇年）。
「家族生活の三つの型について」一九四六年→『鈴木榮太郎著作集Ⅲ』未來社、一九七一年、一〇五―一一八頁。
「我が国農家の特性」一九四四年→『鈴木榮太郎著作集Ⅲ』未來社、一九七一年、九二―一〇四頁。
竹田 旦 『「家」をめぐる民俗研究』弘文堂、一九七〇年。

竹田聴洲『祖先崇拝』平楽寺書店、一九五七年。

竹内利美『日本人の「家」と宗教』評論社、一九七六年。

戸田貞三『家族慣行と家制度』恒星社厚生閣一九六九年。

鳥越皓之『家族構成』弘文堂、一九三七年。

我妻　栄『家と村の社会学　増補版』世界思想社、一九九三年。

和田小次郎『新しい家の倫理―改正民法余話―』学風書院、一九五二年。

和歌森太郎「封建遺制『跋文』」日本人文科学会編『封建遺制』有斐閣、一九五一年、三二九―三三四頁。

「家長権・主婦権の習俗」青山道夫他編『講座家族2　家族の構造と機能』弘文堂、一九七四年、一五二―一五四頁。

渡辺秀樹「多様性の時代と家族社会学――多様性をめぐる概念の再検討」『家族社会学研究』一五巻一号、二〇一三年、七―一六頁。

柳田國男『時代ト農政』聚精堂、一九一〇年→『柳田國男全集29』ちくま文庫、一九九一年。

『明治大正史世相編』朝日新聞社一九三一年→『柳田國男全集26』ちくま文庫、一九九三年。

『先祖の話』筑摩書房一九四六年→『柳田國男全集13』ちくま文庫、一九九〇年。

『婚姻の話』岩波書店一九四八年→『柳田國男全集12』ちくま文庫、一九九〇年。

あとがき

このテーマをまとめようと思った最初のきっかけは、本論のなかにも書いたが、「家」を語る言葉を探している学生たちに、「家」研究の要点をわかりやすく伝えたい、と思ったことにある。彼女／彼らの存在が私の背中を押してくれた。ただ、最初のきっかけはそういうことだったが、「わかりやすく」ということは、とても難しい作業だった。

というのは、もちろん、私の説明能力が乏しいということもあるが、「家」を読み直しているうち、「わかりやすい」研究に対する違和感が湧いてきてしまったのである。「大家族」、「封建遺制」、「家から家族へ」などわかりやすい表現はいくつもある。しかし私がおもしろいと思う研究は、そのわかりやすさとは反対に、あるいは抵抗して、地域差や例外や階層差や時代の変化を細かく追っているものが主だった。社会の現実のなかに、「家」とは何かという問いに対する答えを探していた。「家」を語る強力な磁場が在るなかで、むしろそうした研究が光って見えてしまったのである。

「家」の先行研究は膨大で、網羅的に取り上げることは、とてもできなかった。自分が好きな研究、おもしろいと思う研究に偏りがちであることは否めない。個別の事例や地域を追っている研究であっても、「家」を切り口として、人々の世界観、社会観が描かれている。あるいは、学問に対する姿勢や精神のようなものが垣間見える。最初からはっきりと意図していた訳ではないが、結果としてそうした研究が並んでいると思う。

取り上げたいと思い続けてやはり宿題にしてしまったのは、「家」と女性というテーマ、そして近世の「家」である。村落研究についても、ほんの少ししか触れることができなかった。私自身もっと勉強してから臨みたい。

社会学の文献に偏ってしまったが、他の専門領域のものと一緒に読み返すことで、自分自身にとっても、社会学的に「家」を見るということについて改めて考えることにもなった。もちろん、「家」の読み方は、他の専門領域にも同じように開かれているし、別の角度からのおもしろさもある。あくまで自分が社会学者であるから、こうした読み方になるのである。

「家」とは何かを、社会に問う。そこに現在やこれからの関係を考える手がかりがあるのではないだろうか。

本書の具体的なきっかけは、弘文堂の中村憲生さんに声をかけていただいたことにある。家族を表現する様々なメディアがあるなかで、「研究」という方法がどんな魅力を持ちうるのか、真剣に、というよりかなり深刻に考える機会になった。

ところで、中村さんは映画に詳しくて、話しているとこちらも映画が見たくなる。しかし、中盤から終盤は私があまりに遅筆なせいで映画どころではなくなってしまった。よくお見捨てにならずここまで導いてくださったと、ただただ感謝の気持ちを伝えたい。

【著者紹介】

米村千代（よねむら ちよ）

千葉大学文学部教授。1965 年、岡山生まれ、札幌出身。

東京大学大学院社会学研究科博士課程単位取得退学。博士（社会学）。

専門は、家族社会学、歴史社会学。

主な研究業績に、『「家」の存続戦略――歴史社会学的考察』（単著、勁草書房、1999 年）、『社会学を問う』（共編著書、勁草書房、2012 年）、「親との同居と自立意識――親子関係の‘良好さ’と葛藤」岩上真珠編『「若者と親」の社会学』（論文、青弓社、2010 年）、「イエの変遷」苅部直・黒住真・佐藤弘夫・末木文美士編『岩波講座　日本の思想　第 6 巻　秩序と規範』（論文、岩波書店、2013 年）など。

「家」を読む

2014（平成26）年11月30日　初版 1 刷発行

著　者　米 村　千 代
発行者　鯉 渕　友 南
発行所　株式会社　弘　文　堂　101-0062 東京都千代田区神田駿河台1の7
TEL 03(3294)4801　振替 00120-6-53909
http://www.koubundou.co.jp

装　丁　笠 井 亞 子
組　版　スタジオトラミーケ
印　刷　大 盛 印 刷
製　本　井上製本所

ISBN978-4-335-55166-6